Marianne Obermair / Romana Schneider-Lenz

Haltbar machen

stv

Umschlaggestaltung:
DSR Werbeagentur Rypka GmbH, 8143 Dobl, www.rypka.at
Titelbild: iStock/AlexRaths
Bilder Umschlagrückseite: Tobias Schneider-Lenz (Bildleiste links, 3. Bild); Karin Sidak (Bild oben), Mona Lorenz (Bildleiste links, 1., 2. und 4. Bild)

Bibliografische Information der Deutschen Nationalbibliothek
Die Deutsche Nationalbibliothek verzeichnet diese Publikation in der Deutschen Nationalbibliografie; detaillierte bibliografische Daten sind im Internet unter http://dnb.d-nb.de abrufbar.

Hinweis: Dieses Buch wurde auf chlorfrei gebleichtem Papier gedruckt. Die zum Schutz vor Verschmutzung verwendete Einschweißfolie ist aus Polyethylen chlor- und schwefelfrei hergestellt. Diese umweltfreundliche Folie verhält sich grundwasserneutral, ist voll recyclingfähig und verbrennt in Müllverbrennungsanlagen völlig ungiftig.

Auf Wunsch senden wir Ihnen gerne kostenlos unser Verlagsverzeichnis zu: Leopold Stocker Verlag GmbH
Hofgasse 5 / Postfach 438 A-8011 Graz
Tel.: +43 (0)316/82 16 36
Fax: +43 (0)316/83 56 12
E-Mail: stocker-verlag@stocker-verlag.com www.stocker-verlag.com

ISBN 978-3-7020-1927-3

Layout und Repro: DSR Werbeagentur Rypka GmbH, 8143 Dobl

Marianne Obermair / Romana Schneider-Lenz

Haltbar machen

Gemüse, Kräuter, Pilze ...

Leopold Stocker Verlag
Graz – Stuttgart

INHALT

VORWORT

Haltbarmachen ist der Sammelbegriff für verschiedene Möglichkeiten und Methoden, Lebensmittel zu konservieren. In unserer Zeit, in der das ganzjährige Angebot an frischem Gemüse, Kräutern und Pilzen sowie Halbfertig- und Fertigprodukten durch die Lebensmittelindustrie ständig erweitert wird, kommt es zu einer Gleichschaltung der Individualität. Viele wollen aus diesem Konsumzwang ausbrechen. Erinnerungen an Großmutters Zeiten werden wach, als man noch voller Spannung und Vorfreude in die Vorratskammer ging, um ein Glas pikantes Gemüseallerlei für die Jause oder ein Glas Karottenmarmelade mit Zitronenmelisse für den Frühstückstisch zu holen. Diese Zeiten sind nicht vorbei, denn es gibt viele Gründe und Möglichkeiten, diese Traditionen fortzusetzen. Was „out" war, liegt plötzlich wieder im Trend. Die Motive, der Umfang und die Methoden der Bevorratung haben sich aber in unserer Zeit großteils geändert. Es ist nicht mehr notwendig, riesige Gemüsemengen aus dem Garten zu verarbeiten und Wintervorräte anzulegen. Der neue Trend der Vorratshaltung resultiert aus einer Mischung von Spaß am Selbermachen, einer sinnvollen Freizeitgestaltung, dem Überdruss an Konsumzwängen und dem Bewusstsein, dass Hausgemachtes anders und besser schmeckt. Denn in jedem Glas Selbstgemachtem steckt auch immer ein Stück ganz persönlicher Fürsorge für die eigene Familie und für Freunde.

Wir haben für Sie bewährte, aber auch raffinierte Rezepte ausprobiert und zusammengestellt. In diesem Buch finden Sie neben einer Vielzahl von Rezepturen auch fachliche Anleitungen für die verschiedensten Methoden des Haltbarmachens. Ausführlich beschreiben wir die Herstellung von milchsaurem Gemüse, das Einmachen von süßsaurem, essigsaurem und pikantem Gemüse oder das Einlegen von Kräutern, Pilzen und feinen Gemüsekompositionen. Aber auch Raritäten, wie „gemüsige" Marmeladen bzw. Konfitüren, Gelees, Sirupe, Senfkreationen und Pasten aus Kräutern, kandiertes Gemüse und Blüten, würzig-scharfe Chutneys und Relishes, Würzmischungen, aromatisierte Essige und Öle und vieles, vieles mehr finden Sie in diesem Buch.

Haben Sie Spaß am Selbermachen, an der eigenen Kreativität und der Lust auf das Besondere! Entdecken Sie Haltbarmachen als Ihr kulinarisches Freizeitvergnügen.

Für viele bäuerliche Familien sind hausgemachte Spezialitäten vom eigenen Gemüsegarten wieder eine neue Einkommensquelle geworden. Dies schätzen immer mehr Konsumenten beim Einkauf von naturbelassenen, traditionellen, g'schmackigen Spezialitäten vom Bauernhof.

Dieses Buch ist für sowohl den kleinen und den großen Haushalt, für Hobbyköche, aber auch Profis oder für bäuerliche Direktvermarkter gedacht, die besondere Rezepturen mit Gemüse, Kräutern und Pilzen ausprobieren wollen.

Gutes Gelingen, viel Freude und Spaß beim Ausprobieren und Genießen Ihrer Schmankerln wünschen Ihnen

Marianne Obermair

Romana Schneider-Lenz

EINKAUF

Der erste und sehr entscheidende Schritt im qualitätsbewussten Umgang mit Gemüse, Kräutern und Pilzen ist der Einkauf. Für Gartenbesitzer ist der sorgsame Umgang mit Anbau, Pflegemaßnahmen und guten Erntebedingungen entscheidend.

Jedes Gemüse hat seine Saison! Während der heimischen Erntezeiten finden Sie Gemüse in bester erntefrischer Qualität ohne lange Transportwege direkt bei Ihrem Gemüsebauern oder auf Märkten. Saisonales Gemüse kann in dieser Zeit auch sehr preiswert und günstig eingekauft werden. Der Einkauf von frischem Gemüse, Kräutern und Pilzen in der Saison sollte eine Selbstverständlichkeit sein. Denn nur das Beste sollte gerade gut genug sein, um in unsere Gläser und Vorratsräume zu wandern. So können Sie das reichhaltige Angebot der Sommer- und Herbstmonate das ganze Jahr über genießen.

Achten Sie beim Einkauf auf die äußere und innere Qualität des Gemüses. Zur **äußeren Qualität** gehören gesundes, sauberes und frisches Aussehen, Fehlen von fremdem Geruch und Geschmack. Überlagertes, angewelktes Gemüse hat bereits an Aroma, Geschmack und Nährstoffen verloren. Vergewissern Sie sich durch genaues Hinsehen, Hinschmecken und Hinriechen mit all Ihren Sinnen von der einwandfreien Qualität.

Zur **inneren Qualität** gehören der hohe Gehalt an Vitaminen und Mineralstoffen, das Freisein von schädlichen Stoffen (Schadstoffe, Überdüngung) und die Lager- und Konservierfähigkeit. Für unsere Gesundheit ist die innere Qualität ausschlaggebend. Achten Sie beim Einkauf auf kontrollierte Gütezeichen oder halten Sie persönlich Kontakt zu Ihrem Bauern. Als Gartenbesitzer sollten Sie sowieso auf die Grundsätze der Erzeugung von gesunden Lebensmitteln achten.

LAGERUNG UND PFLEGE DES VORRATES

Damit die Freude an Ihren selbst gemachten Schätzen das ganze Jahr über anhält und Ihr wertvolles Eingemachtes nicht verdirbt, sind einige wichtige Regeln und Pflegemaßnahmen zu beachten:

- Eingemachtes und Gefriergut immer mit Bezeichnung, Menge und Datum versehen.
- Besonders in der ersten Zeit eine regelmäßige Kontrolle auf luftdichten Abschluss machen.
- Bei offenen Gläsern den Inhalt sofort verzehren bzw. bei Genussuntauglichkeit den Inhalt nicht mehr verwenden.
- Wertvolle Dienste leistet der Vorratsplan, der raschen Überblick über die Vorratsmenge gibt.
- Neue Vorräte immer nach hinten in das Regal oder in den Vorratsschrank stellen. Ältere Ware immer zuerst verbrauchen.
- Sauberkeit, richtige Lagerbedingungen und ständige Kontrolle der Vorräte sind die besten Mittel, um den Vorrat vor Schaden zu bewahren.
- Im Keller oder im Freien gelagertes Gemüse immer wieder kontrollieren und faulendes oder schimmelndes Gemüse sofort aussortieren, bevor gesundes angesteckt wird.

HALTBARMACHEN DURCH KÄLTE

EINFRIEREN VON GEMÜSE, KRÄUTERN UND PILZEN

Kälte zur Verlängerung der Haltbarkeit von Nahrungsmitteln wurde von unseren Vorfahren schon im frühen Altertum genutzt. Schnee, Eis und kalte Wasserquellen boten auf ganz natürliche Weise die richtigen Voraussetzungen, um Lebensmittel haltbar zu machen. Das langfristige Haltbarmachen durch Kälte ist die jüngste Methode der Konservierung. Für private Haushalte wurde das Tiefgefrieren erst nach dem Zweiten Weltkrieg entwickelt.

Die ländliche Bevölkerung war in den 1950er-Jahren Wegbereiter für diese Technik. Sie benutzte die ersten Gemeinschaftsgefrieranlagen mit abschließbaren Fächern für jede Familie. Heute ist beinahe jeder Haushalt mit einem Kühl- und Gefriergerät ausgestattet.

Das Prinzip des Gefrierens

Beim Gefrieren (Einfrieren, Tiefkühlen, Tiefgefrieren) wird das Wachstum von Mikroorganismen durch entsprechende Temperaturen und Ausfrieren von Wasser unterbunden, sie werden dabei aber nicht abgetötet. Das bedeutet, dass sie sich beim Auftauen mit steigender Temperatur wieder vermehren können. Erst bei Temperaturen von mindestens –40 °C werden auch Reaktionen durch lebensmitteleigene Enzyme unterbunden.

Vorteile des Tiefgefrierens

- Gemüseüberschüsse aus dem eigenen Garten, günstige Saisonangebote oder saisonale Spezialitäten können besonders vorteilhaft verwertet werden.
- Die Qualität (Farbe, Geschmack, Aussehen) ist beim Tiefgefrieren dem Frischprodukt am nächsten. Die Qualität wird ohne den Einsatz von chemischen Konservierungsmitteln erhalten.
- Die Nährstoffe, allen voran die Vitamine (besonders Vitamin C), bleiben beim Tiefgefrieren im Gegensatz zu anderen Haltbarmachungsmethoden am besten erhalten.
- Durch den Gefriervorgang lockern sich die Zellstrukturen und verbessern die Verwertbarkeit der Nährstoffe, z. B. Eiweiß, Mineralstoffe und Vitamine. Außerdem wird auch die Bekömmlichkeit von schwer verdaulichem Gemüse (Kohlarten, Hülsenfrüchte, Paprika, Pilze) erhöht.
- Das Einfrieren ist die schnellste Methode des Haltbarmachens. Man spart ⅔ der Arbeitszeit gegenüber dem Einkochen.
- Die Garzeit verkürzt sich bei der Fertigstellung um bis zu 30 %.

TIPP! Gehackt oder püriert und tiefgefroren

Eingefrorene Kräuter- und Gemüsevorräte, wie z. B. Gemüsemus, Kräutermischungen oder Suppengemüse, sind ideal für die schnelle, vollwertige Küche und bringen das ganze Jahr über Vielfalt auf den Tisch.

Nachteile des Tiefgefrierens

- Nicht alle Gemüsearten sind gefriergeeignet. Beispiele dafür sind Blattsalate, Radieschen, Rettich, rohe Zwiebeln, Gurken und rohe Erdäpfel.
- Tiefgefrieren wird eine teure Haltbarmachungsmethode, wenn das Gefriergerät für den betreffenden Haushalt zu groß ist und die Hälfte des Jahres leersteht.
- Tiefgefrorene Lebensmittel sind nicht steril, das bedeutet, das Wachstum von Mikroorganismen wird zwar weitgehend unterbunden, ein völliges Absterben wird jedoch nicht erreicht.
- Ist die gesamte Vorratshaltung auf Tiefgefrieren ausgerichtet, so kann es bei Notfällen (Stromausfall) zu großen Verlusten kommen.

Empfehlungen für die Praxis

Vorbereitung

- „Reif, frisch, gesund und sauber" sind die Anforderungen, welche Gemüse, Kräuter und Pilze vor dem Einfrieren mit dem Prädikat „sehr gut" bestehen müssen.
- Zum Einfrieren eignen sich grundsätzlich alle Kräuter. Besonders geeignet sind empfindliche Kräuter, wie Petersilie, Schnittlauch, Dill, Kerbel, Pimpinelle, Estragon, Basilikum, Fenchelkraut, da diese Kräuter beim Trocknen an Geschmack und Aroma einbüßen.
- Frisch geerntete Kräuter müssen nach dem Waschen sorgfältig abgetrocknet werden.
- Die gehackten Kräuter einzeln nach Arten oder gemischt in Eiswürfelschalen, in kleinen Gefrierdosen oder in Plastikbeuteln einfrieren.
- Bei Eiswürfelschalen rechnet man pro Würfel 1 TL gehackte Kräuter und 1 EL Wasser.
- Besonders attraktiv sind Blüten (z. B. Veilchen, Borretsch), die, mit Wasser übergossen, in Eiswürfelbehältern in verschiedenen Formen (z. B. Herzen, Tiere) eingefroren werden. Blüteneiswürfel verleihen gekühlten Getränken eine besondere Note.
- Pilze vor dem Einfrieren sorgfältig reinigen und möglichst nicht waschen, da es sonst zu großen Aromaverlusten kommen kann.
- Pilze, wie z. B. Champignons, Steinpilze, Parasole, in Scheiben schneiden und unblanchiert einfrieren.
- Eierschwammerln (Pfifferlinge) sollten hingegen vor dem Einfrieren blanchiert werden.

Blanchieren

- Gemüse muss vor dem Einfrieren sorgfältig gewaschen, geputzt und der Art entsprechend zerkleinert werden.
- Zur Gewinnung von qualitativ einwandfreiem Gefriergemüse ist Blanchieren unerlässlich. Durch diese Vorbehandlung bleiben Farbe, Aroma und Vitamine erhalten, die Mikroorganismen werden reduziert und verderbnisfördernde Enzyme zerstört.
- Unter Blanchieren versteht man das kurzzeitige Eintauchen in kochendes Wasser und das anschließende rasche Abkühlen unter kaltem, fließendem Wasser oder am besten in Eiswasser (besonders bei grünem Gemüse).
- Wichtig ist, dass die Abkühlzeit die Blanchierzeit nicht überschreitet, damit wertvolle Inhaltsstoffe nicht ausgelaugt werden.

Blanchierzeiten in kochendem Wasser	
Artischocken	5 Min.
Auberginen	2 Min.
Brokkoliröschen	2 Min.
Erbsen	2 Min.
Fenchel, halbiert/ geviertelt	4–6 Min.
Fenchel, Streifen	2–3 Min.
Fisolen, grün	3 Min.
Grünkohl	1–2 Min.
Karfiol, ganz	4 Min.
Karfiolröschen	2 Min.
Karotten, Gelbe Rüben	3 Min.
Kohlrabi, Scheiben, Stifte	2–3 Min.
Kohlsprossen	3 Min.
Mangold	1–2 Min.
Paprika	2 Min.
Eierschwammerln im Ganzen	2–4 Min.
Porree (Lauch)	2–4 Min.
Schwarzwurzeln	3 Min.
Sellerie (Knolle)	3–5 Min.
Spargel	3 Min.
Spinat	1 Min.
Staudensellerie	3 Min.
Suppengemüse	2–4 Min.
Weißkraut	2 Min.
Wirsingkohl	2 Min.
Zucchini	1–2 Min.
Zuckermais, Kolben	6–10 Min.
Zuckermais, Körner	2–3 Min.

- Das Verhältnis Gemüse zu Wassermenge beträgt 1:5 (d. h. ein Kilogramm Gemüse wird in mindestens fünf Litern Wasser blanchiert).
- Die angegebene Blanchierzeit beginnt ab dem Eintauchen in das kochende Wasser. Zu beachten ist, dass das Blanchierwasser spätestens eine Minute nach dem Eintauchen wieder zu kochen beginnen muss.
- Gemüse portionsweise und nach Arten getrennt (unterschiedliche Garzeiten) blanchieren.
- Helles Gemüse (z. B. Karfiol, Sellerie, Spargel, Auberginen usw.), welches leicht zu Verfärbungen neigt, in Essigwasser (1–2 EL Essig auf 2 Liter Wasser) oder Wasser mit Zitronensäure (0,5 g auf 2 Liter Wasser) blanchieren.

Verpacken

- Vollständig ausgekühltes und gut abgetropftes Gemüse in entsprechende Portionen einteilen und sorgfältig verpacken.
- Das Gemüse je nach Bedarf möglichst flach (rascheres Durchfrieren, platzsparendes Stapeln) in geeignetes Verpa-

ckungsmaterial verpacken. Die maximale Portionsgröße beträgt ein Kilogramm.

- Beim Verpacken ist die Luft gut auszustreichen (ideal Vakuumgerät) und die Verpackung sofort möglichst luftdicht zu verschließen. Durch unerwünschte Luftzufuhr treten die so genannten Gefrierflecken auf. Es handelt sich dabei um eine unappetitliche Verfärbung des Grundproduktes, und die Qualität ist vermindert.
- Nur spezielles Verpackungsmaterial (keine Einkaufssackerln etc.) verwenden. Empfehlenswert sind Folienbeutel aus Polyethylen, Behälter aus Polystyrol oder Polyethylen sowie kälte- und hitzebeständige Behälter.
- Das Verpackungsmaterial muss lebensmittelecht, kältebeständig, geruchlos, wasser- und luftundurchlässig, säure- und fettresistent sein. So ist gewährleistet, dass das Gemüse vor Austrocknung, Geruchsübertragung, Farbveränderung und Zusammenfrieren geschützt ist.
- Für die sinnvolle Nutzung der Vorräte muss jedes Paket ordnungsgemäß beschriftet werden (wasserdichter Stift!). Angaben über Inhalt, Menge, Einfrierdatum und Gewicht erleichtern ein rasches Auffinden.
- Eintragungen in ein Lagerbuch ersparen das Wühlen in der Kälte.
- Die Lagerdauer richtet sich nach der Art des Gemüses. Die durchschnittliche Lagerzeit beträgt 6–12 Monate, d. h. maximal bis zur nächsten Ernte.

Beschicken des Gefriergerätes

- Das Gefriervermögen des Gerätes ist zu beachten. Es gibt an, wie viele Kilogramm in 24 Stunden eingelagert werden können. Bei den meisten Geräten liegt es bei 5–7 Kilogramm je 100 Liter Nutzinhalt/Tag. Wird diese Menge deutlich überschritten, leidet die Qualität des Gemüses.
- 3–5 Stunden vor dem Einlagern größerer Mengen die „Supertaste" des Gerätes drücken, um die tiefstmögliche Temperatur zu erreichen (Kältereserven schaffen!).
- Das Gefriergut an die kälteste Stelle, wie Boden, Seitenwände oder – falls vorhanden – ins Vorgefrierfach, geben. Das Gefrieren muss so rasch wie möglich erfolgen.
- Der Kontakt zu bereits gefrorenen Lebensmitteln ist zu vermeiden, da diese sich sonst erwärmen.
- Bei langsamem Einfrieren wachsen große Eiskristalle, die die Zellwände zerstören. Dadurch tritt ein großer Qualitätsverlust in Bezug auf Geschmack und Konsistenz der Lebensmittel ein.
- Sind die Gemüsepakete vollständig durchgefroren, so ist die weitere Lagertemperatur bei –18 °C bis –23 °C einzustellen.

Auftauen

- Gemüse lässt sich unaufgetaut oder leicht angetaut ideal weiterverarbeiten. An- bzw. aufgetautes Gemüse muss so rasch wie möglich weiterverarbeitet werden.
- Tiefgefrorenes Gemüse schmeckt am besten, wenn es im gefrorenen Zustand gedünstet oder gedämpft wird.
- Die Kochzeit ist durch das Blanchieren um ⅓ kürzer im Vergleich zu Frischgemüse.
- Nach dem Auftauen werden die Mikroorganismen sehr schnell wieder aktiv, da sie nicht abgetötet, sondern nur in Ruhe versetzt wurden.
- Ein mehrmaliges Auftauen und Einfrieren sollte vermieden werden. Denn beim Auftauen verliert Gemüse Wasser, und das kann mit einem Qualitätsverlust einhergehen. Aussehen, Nährstoffgehalt und Geschmack leiden durch mehrmaliges Auftauen und Einfrieren ganz klar.

© Andrea Jungwirth

HALTBARMACHEN DURCH HITZE- ODER WÄRMEEINWIRKUNG

STERILISIEREN VON GEMÜSE

Die Möglichkeit, Lebensmittel durch Hitze haltbar zu machen, gibt es seit Ende des 18. Jahrhunderts. Die entscheidende Entdeckung machte ein französischer Koch namens Nicolas Appert. Er stellte für Napoleon Versuche an, Nahrungsmittel für längere Zeit haltbar zu machen. Seine Schriften sind noch heute gültige Grundlagen der Hitzekonservierung. Wir sprechen heute vom Einkochen, Einwecken oder Einmachen von Lebensmitteln mit feuchter Hitze.

Das Prinzip des Sterilisierens

Ziel ist es, durch Erhitzen die Mikroorganismen abzutöten oder in ihrer Entwicklung zu hemmen, die lebensmitteleigenen Enzyme wirkungslos zu machen und den Inhalt durch einen luftdichten Verschluss keimfrei zu halten. Es werden Temperaturen von 75 bis 100 oder 120 °C erzeugt. Allein durch die Hitze und den Luftabschluss wird die Haltbarkeit ohne Zusatz von Konservierungsmitteln erzielt. Der Zusatz von Zucker, Salz, Essig, Gewürzen oder anderen Beigaben verbessert Farbe, Aroma oder Geschmack. Durch die Beigabe von Essig oder einem Salzanteil von über 4 % verkürzt sich die Sterilisationsdauer. Genau genommen unterscheidet man beim Einkochen das Sterilisieren (ab 100 °C) und das Pasteurisieren (ab 75 °C). Gemüse muss aufgrund des hohen Eiweißgehaltes sterilisiert werden, um die Eiweißzersetzung durch gefährliche Bakterien zu verhindern und letztere abzutöten. Um auf Nummer Sicher zu gehen, empfiehlt sich bei eiweißreichem Gemüse, wie z. B. Erbsen, Bohnen, Spargel, Spinat oder Pilzen, eine Temperatur von 120 °C oder ein zweimaliges Erhitzen bei 100 °C, damit diese steril sind. Daher sollten Sie die erwähnten Gemüsearten am nächsten oder übernächsten Tag nochmals sterilisieren. Die Sporen, die inzwischen ausgekeimt sind, können dadurch abgetötet werden.

Vorteile des Sterilisierens

- Jeder Überschuss an zartem, wertvollem Gemüse kann durch Hitze- oder Wärmeeinwirkung haltbar gemacht werden.
- Lange Haltbarkeit der Konserven (mindestens 1 Jahr).
- Durch platzsparendes Stapeln in Regalen wird wenig Lagerraum benötigt.
- Sofortige Verwendbarkeit bei Arbeitsspitzen oder bei unerwartetem Besuch.
- Idealer Notvorrat (stromunabhängig!).
- Ermöglicht die längere Haltbarkeit von wiederentdeckten Spezialitäten.

- Preisgünstige Art des Haltbarmachens, wenn die erforderlichen Arbeitsgeräte und die Gläser vorhanden sind.

Nachteile des Sterilisierens

- Höherer Zeit- und Arbeitsaufwand als beim Tiefkühlen.
- Relativ hoher Vitaminverlust (durchschnittlich 40 % der Frischware).

TIPP! Trendig & nachhaltig

Haltbar gemachte Köstlichkeiten aus dem Glas sind wieder zum absoluten Lifestyle-Trend avanciert und klimafreundliches, hausgemachtes Conveniencefood par excellence!

Empfehlungen für die Praxis

Gemüseauswahl

- Nur erntefrisches Gemüse von einwandfreier Qualität, am besten am gleichen Tag geerntet, verarbeiten, um den Vitaminverlust so gering wie möglich zu halten.
- Überdüngtes Gemüse beeinträchtigt Qualität und Haltbarkeit des Einkochgutes.

„Sterilisieren" der Gläser und anschließendes Abtropfenlassen © Aufreiter u.a. / Archiv Stocker Verlag

Vorbereiten der Gläser

- Einmachgläser, Deckel, Gummiringe und Klammern sorgfältig kontrollieren und nur genau zueinanderpassende Teile verwenden.
- Angeschlagene Gläser oder brüchige Gummiringe dürfen niemals verwendet werden.
- Gläser in heißem Spülmittelwasser gründlich reinigen und mehrmals mit viel klarem, heißem Wasser nachspülen.
- Garantiert keimfrei werden Gläser und Deckel, wenn man sie 5–10 Minuten in kochendem Wasser sterilisiert.
- Gereinigte Gläser umgedreht auf ein sauberes Tuch stellen oder im Backofen trocknen lassen, nicht abtrocknen (Geschirrtücher sind nie keimfrei!).
- Gummiringe am besten kurz auskochen und bis zum Gebrauch im heißen Wasser liegen lassen.

HINWEIS! Keimfreie Gläser

Gläser kann man auch ganz einfach im Backofen sterilisieren: Die mit abgekochtem Wasser vorgespülten Gläser trocknen lassen und für 15 Minuten in den auf 130 °C vorgeheizten Backofen stellen (auf ein Backblech oder den Gitterrost). Vorsicht beim Herausnehmen der heißen Gläser!
Metalldeckel sollten jedoch nicht im Backofen, sondern in einem Topf mit kochendem Wasser sterilisiert werden.

Vorbereiten des Gemüses

- Das Gemüse muss sauber gewaschen, sorgfältig geputzt und sauberst verarbeitet werden, denn Faulstellen, Schmutz oder Erdteilchen enthalten Fäulniserreger, die beim Sterilisieren (100 °C) nur schwer abzutöten sind.

- Das Gemüse der Art bzw. dem Rezept entsprechend vorbereiten.
- Bei roh eingefülltem Gemüse ist die Gläserausnutzung wesentlich geringer, außerdem kann es zu Trübungen der Aufgussflüssigkeit kommen.
- Das vorbereitete Gemüse blanchieren, dadurch wird die Sterilisationsdauer um ein Drittel reduziert.
- Der Zusatz von Zitronen- oder Ascorbinsäure verhindert, dass helle Gemüsearten, wie z. B. Karfiol oder Sellerie, braun werden.
- Die Salzlösung für Gemüse sollte maximal 10 g Salz auf 1 Liter Wasser enthalten.

Einfüllen

- Gemüse am besten mit einem Einfülltrichter nicht zu voll in die Gläser füllen, weil sonst der hochsteigende Inhalt den Gummiring bzw. den Schraubverschlussdeckel verschmutzen und somit ein festes, luftdichtes Verschließen verhindern würde.
- Als Faustregel gilt: Gläser mit festem Gemüse maximal bis 2 cm unter den Rand und Gläser mit breiigem Gemüse (z. B. Tomatenmark) maximal bis 4 cm unter den Rand füllen.
- Gläser mit Sud auffüllen. Wichtig dabei ist, dass das Einmachgut vollständig mit Flüssigkeit bedeckt ist.
- Glasränder gründlich reinigen und die Gläser verschließen.

Sterilisieren

- Einkochvariante nach anfallender Vorratsmenge und vorhandenen Einkochgeräten auswählen.
- Nach der angegebenen Sterilisationsdauer den Topf vorsichtig von der Platte ziehen. Ein schnelles Abkühlen ist wichtig, damit ein Nachgaren des Gemüses verhindert wird und dieses nicht zu weich wird.

Nacharbeiten

- Nach dem Sterilisieren und dem völligen Abkühlen nimmt man Bügel oder Klammern ab und reinigt das Glas bei Bedarf.
- Anschließend werden die Gemüsegläser beschriftet und sachgemäß gelagert.
- Eingemachte Gemüsekonserven regelmäßig kontrollieren. Lose Deckel, Verfärbungen oder Trübungen weisen meist auf unzureichendes bzw. unsachgemäßes Sterilisieren hin. Verdorbene Produkte dürfen auf keinen Fall mehr verwendet werden.
- Auch eingekochtes Gemüse sollte innerhalb eines Jahres verzehrt werden, denn durch eine lange Lagerdauer leidet die Qualität im Hinblick auf Geschmack, Inhaltsstoffe und Farbe.

Möglichkeiten des Sterilisierens

Im Einkochtopf

Gläser in den Einkochtopf stellen, ohne dass sie sich dabei gegenseitig berühren. So viel Wasser einfüllen, dass sie höchstens bis zu ¾ im Wasser stehen. Zu beachten ist, dass bei Gläsern mit kaltem Inhalt der Einkochtopf mit kaltem und bei Gläsern mit heißem Inhalt der Einkochtopf mit heißem Wasser aufgefüllt wird (Temperaturunterschiede vermeiden!). Je nach Einkochgut beträgt die Temperatur 75–100 °C und die Einkochzeit zwischen 10 und 120 Minuten. Die angegebenen Zeiten sind genau einzuhalten. Die Sterilisationsdauer beginnt erst dann, wenn die angegebenen Grade erreicht sind. Zu beachten ist auch, dass das Wasser im Einkochtopf nicht zu stark sprudelt, da sich Wasser zwischen Gummiring und Deckel setzen kann und somit einen luftdichten Abschluss unmöglich macht.

Spezialgläser können auch übereinander gestapelt werden. Nach dem Ende der Sterilisationszeit die Gläser sofort herausnehmen, am besten mit einer Spezialzange. Anschließend auf eine weiche Unterlage (Tuch, Decke) stellen und abdecken, damit sie ohne Zugluft auskühlen können (Sprunggefahr!). Bügel und Klammern erst entfernen, wenn das Glas völlig erkaltet ist. Hinweis: Gebrauchsanweisung des Gerätes und angegebene Einkochzeiten beachten!

Einkochzeiten und Temperatur im Einkochtopf (Wasserbad)

(für Gläser mit 0,5–1 Liter)

Gemüseart	Einkochtemperatur in °C	Einkochzeit in Minuten
Artischocken	100	90
Fisolen	100	120
Bohnen	100	90
Brokkoli	100	90
Erbsen	100	120
Gurkerln (in Essig)	75	25
Karfiol	100	90
Karotten	100	120
Kohlrabi	100	90
Kohlsprossen	100	100
Paprika (roh)	100	60
Pastinaken	100	120
Schwarzwurzeln	100	100
Sellerie	100	120
Spargel	100	110
Tomatenmark	90	30
Tomaten (roh)	90	25
Weiß- und Blaukraut	100	110
Zucchini	90	30

Im Backofen

Gleiche Gläser (Inhalt, Form, Volumen) stellt man in eine Fettpfanne (Backblech mit ho-

Paprika mit Krautfülle wird im Backofen sterilisiert. © Marianne Obermair

hem Rand), ohne dass sie sich dabei gegenseitig berühren. Die Fettpfanne zur Hälfte mit Wasser auffüllen und in den kalten Backofen stellen. Die Temperatur auf 180–200 °C Ober- und Unterhitze bzw. 170–180 °C Heißluft einstellen. Im Heißluftofen können zwei Etagen (Bleche) gleichzeitig sterilisiert werden. Dabei ist darauf zu achten, dass der Ventilator nicht mit einem Glas verstellt wird. Die eigentliche Einkochzeit beginnt erst dann, wenn im Glas Perlen aufsteigen. Die Temperatur wird nun auf 130–150 °C gedrosselt. Je nach Gemüseart beträgt die Sterilisationsdauer ca. 25–90 Minuten. Nach Ende der angegebenen Zeit den Ofen ausschalten und die Gläser im geschlossenen Ofen 20–30 Minuten stehen lassen.

Einkochen im Dampfgarofen

Dampfgarofen eigen sich bestens zum Sterilisieren von Gemüsevorräten im Glas. Die Gebrauchsanweisungen der Gerätehersteller enthalten Tabellen zu Temperaturen, Programmen und Richtzeiten. Auch hier gilt: gleich große Gläser verwenden, und die Gläser dürfen sich nicht berühren. Die angegebenen Richtzeiten beziehen sich auf die eigentliche Sterilisationsdauer. Bei Geräten mit Aufwärm-/Abdampfzeit werden diese Minuten zusätzlich aufgerechnet. Je nach Modell dauert das 5–10 Minuten. Wichtig:

Die Gerätetür während des Vorgangs nicht öffnen und die Gläser nach dem Sterilisationsvorgang mindestens 30 Minuten ruhen bzw. auskühlen lassen.

TIPP! Ganz einfach

Auch die benötigten Einmachgläser lassen sich im Dampfgarer perfekt desinfizieren. Sie werden dadurch keimfrei im Sinne des üblichen Auskochens.

TROCKNEN – DÖRREN – DARREN

Trocknen, auch Dörren und Darren genannt, ist eines der ältesten Verfahren, Lebensmittel haltbar zu machen. Schon in vorgeschichtlicher Zeit wurde das Trocknen zum Haltbarmachen von Fleisch, Fisch, Getreide, Kräutern und Beeren angewandt.

In den südlichen Ländern hatte Trocknen durch die klimatisch begünstigte Wetterlage seit jeher Tradition. In unseren Breiten wurden vor allem Birnen, Äpfel, Zwetschken, Kräuter und Pilze getrocknet bzw. gedörrt.

In den Bauernhöfen gab es früher vielfach so genannte Backhäuser, in denen spezielle Dörrvorrichtungen installiert wurden. Auch der steinerne Backofen wurde dazu benutzt, um wertvolle Trockenvorräte für die Wintermonate zur Verfügung zu haben.

Lange Zeit wurde diese einfache Art des Haltbarmachens „stiefmütterlich“ behandelt. Auf der Suche nach natürlichen alternativen Konservierungsmethoden ist das Trocknen allerdings aktueller denn je.

Das Prinzip des Trocknens

Beim Trocknen entziehen Wärme und Luftzirkulation den Lebensmitteln Flüssigkeit, d. h., der Wassergehalt wird auf ca. 8–14 % gesenkt. Dadurch haben die Mikroorganismen für ihre Lebenstätigkeit kein verfügbares Wasser mehr, die Lebensmittel werden haltbar und verschimmeln auch nicht. Die Trocknung erfolgt durch Luft oder durch elektrische Wärme (Dörrgeräte, Backofen) und neuerdings auch durch Solargeräte zum Dörren.

HINWEIS! So geht's schneller

Gemüse mit langer Kochzeit (z. B. Wurzelgemüse) sollte vor dem Trocknen blanchiert werden!

Vorteile des Trocknens

- Bei Eiweiß tritt eine Nährwertverbesserung ein. Die Kohlenhydrate in den Zellwänden werden so verändert, dass die Zellinhaltsstoffe besser genutzt werden können.
- Alle Mineralstoffe, Eiweiß, Fett und Kohlenhydrate bleiben durch den Wasserentzug erhalten.
- Die Inhaltsstoffe sind in konzentrierter Form enthalten und das Aroma wird intensiviert.
- Trocknen ist einfach, mühelos und verlangt keine weitere Energie, wie z. B. die Tiefkühltruhe.
- Bei der Verwendung von getrocknetem Gemüse zum Kochen spart man alle Vorarbeiten wie Schälen, Schneiden, Dämpfen ein.
- Getrocknetes benötigt sehr wenig Lagerraum, da das Volumen und das Gewicht von gedörrtem Gemüse, Pilzen und dergleichen gegenüber dem Ausgangsprodukt auf 10–30 % schrumpfen.
- Richtig getrocknet und gelagert, ist Getrocknetes jahrelang haltbar.

© Karin Sidak

Nachteile des Trocknens

- Vitamin C und die Vitamine der B-Gruppe gehen größtenteils verloren.
- Beim Trocknen im Backofen entsteht ein hoher Energieaufwand.
- Die Anschaffung eines Dörrapparates lohnt sich nur bei größeren Mengen.
- Durch die langen Trocknungszeiten und die dadurch notwendige ständige Kontrolle des Trockengutes muss der Tagesarbeitsablauf gut organisiert werden.

Empfehlungen für die Praxis

Vorbereiten

- Nur einwandfreies, erntefrisches Gemüse, Pilze, Kräuter und Blüten verwenden.
- Der Art und weiteren Verwendung entsprechend vorbereiten (putzen, schälen, schneiden ...).
- Bei Gemüse mit langer Kochzeit, z. B. Wurzelgemüse, empfiehlt sich nach der küchenfertigen Vorbereitung ein Blanchieren oder Vordämpfen. Das anschließende Trocknen wird dadurch beschleunigt und die Qualität des zubereiteten Gemüses verbessert.
- Alle hellen Gemüsearten (z. B. Auberginen, Karfiol) dämpft oder blanchiert man am besten mit Zitronensäure, dabei rechnet man ½ TL Zitronensäure auf 1 kg Gemüse. Zitronensäure schützt die Vitamine und hält die Farben frisch.

Trocknen

- Möglichst nur gleichartiges und gleich großes Trockengut gemeinsam trocknen.
- Trockengut nebeneinander auflegen und nicht übereinanderschichten.
- Während des Trocknungsvorganges regelmäßig kontrollieren und die Siebe umschichten und aufschütteln.
- Die Trocknungsdauer ist von Größe, Dicke, dem Wassergehalt sowie der Temperatur und der Luftfeuchtigkeit abhängig.
- Entscheidend für die Qualität und Erhaltung der Inhaltsstoffe ist eine gleichmäßig niedrige Temperaturzufuhr (maximal 50 °C). Durch zu hohe Temperaturen verhärten sich die äußeren Schichten.
- Der Trocknungsvorgang ist abgeschlossen, wenn blättrig geschnittenes Gemüse, Kräuter und Blüten knusprig sind und beim Anfassen rascheln. Einige Gemüsearten bleiben ledrig und biegsam. Beim Zerschneiden dürfen sich an den Kanten keine Wassertröpfchen bilden. Mais, Erbsen und Bohnen sind hart.

Aufbewahren

- Trockengut muss vor dem Einfüllen vollständig ausgekühlt sein.
- Die getrockneten Lebensmittel möglichst luftdicht und trocken lagern und vor Licht schützen. Am besten geeignet sind verschließbare Gläser und Dosen.
- In den ersten Wochen regelmäßig kontrollieren. Sollten sich Wassertropfen an den Glaswänden bilden, so muss der Inhalt nochmals getrocknet werden.

Auf Bauernmärkten bekommt man oft schon geschnittenes bzw. geraspeltes Gemüse, das nur aufs Einkochen wartet! © Irmtraud Weishaupt-Orthofer

Verwendung

- Getrocknetes Gemüse wird für Suppen, Saucen, zum Einlegen in Öl oder zum Knabbern verwendet.
- Wenn das Trockengemüse vor der Verwendung in etwas Wasser eingeweicht wird, verkürzt sich die anschließende Kochzeit.
- Trockengemüse sollte für Suppen gleich in kaltem Wasser aufgestellt werden.
- Gekochtes oder eingeweichtes Trockengemüse wird wie Frischgemüse verwendet.

HINWEIS! Mehr Geschmack und Würze

Zwiebeln, Tomaten, Sellerie oder Pilze (besonders Shiitake) sind natürliche Geschmacksverstärker. Denn sie enthalten den typischen „Umami-Geschmack" von Natur aus. Umami steht für herzhaft und würzig. Getrocknet und zu Pulver vermahlen, bringen diese Lebensmittel auf ganz natürliche Art mehr Geschmacksintensität in viele Gerichte!

Möglichkeiten des Trocknens

Trocknen an der Luft

Die Lufttrocknung ist bei unseren klimatischen Verhältnissen nur für Küchen- und Teekräuter, Pilze und einige Gemüsearten (z. B. Pfefferoni) zu empfehlen. Ideal ist ein warmer, trockener, gut belüfteter und vor direkter Sonnenbestrahlung geschützter Ort. Beispiele dafür wären ein gut durchlüfteter Dachboden, ein warmer, luftiger Ort in Hausnähe (Balkon, Estrich) oder auch in Ofen- oder Herdnähe.

Man kann das Trockengut auf Schnüre ziehen (Pilze, Pfefferoni, Fisolen), bündeln und aufhängen (z. B. Kräuterbündel) oder auf Gitter, Siebe, Roste oder Backbleche auflegen. Zum Schutz vor Staub und Insekten evtl. mit einem Mulltuch abdecken. Bei ungünstigen Witterungsverhältnissen im Backofen oder mit dem Dörrapparat nachtrocknen.

Zum Lufttrocknen aufgehängte Kräuterbündel © Romana Schneider-Lenz

Gleichmäßig dünn geschnittene Kürbisstücke mit Kräutersalz bestreuen und trocknen – das ergibt eine herrliche Knabberalternative. © Romana Schneider-Lenz

Trocknen im Backofen

Auch im Backofen kann gut getrocknet werden. Es wird mit Ober- und Unterhitze, am besten aber mit Heißluft bei max. 50 °C getrocknet. Die Ofentür sollte immer einen Spalt offen sein (Kochlöffel einklemmen), damit die feuchte Luft entweichen kann. Das Dörrgut muss mehrmals kontrolliert und umgeschichtet werden, bereits Getrocknetes aussortieren. Das Trocknen im Backofen dauert je nach Trockengut 6–15 Stunden. Gebrauchsanweisungen der Herstellerfirma sind zu beachten.

Trocknen im elektrischen Dörrapparat

Das vorbereitete Dörrgut locker auf die Siebe schichten. Nur 90 % der Siebfläche belegen, damit die warme Luft gut zirkulieren kann. Insgesamt können 7–10 Siebe mit verschiedenen Gemüsearten gleichzeitig aufgelegt werden. Der Geschmack überträgt sich nicht. Ab dem vierten Sieb nimmt die Temperatur um 10–30 °C ab, daher ist es günstig, die Siebe öfters zu versetzen und dabei leicht zu schütteln. Die Dörrzeiten und -temperaturen richten sich nach Größe und Stärke der Stücke, dem Wassergehalt und der Anzahl der verwendeten Siebe. Die Gebrauchsanweisung der Herstellerfirma ist auch hier zu beachten.

Trocknen im Solartrockner

Trocknen und Dörren mit der Kraft der Sonne ist klimafreundlich und wird auch in unseren Breiten immer populärer. Je nach Feuchtigkeitsgehalt, Größe des Trockenguts und Gemüseart ist der Trockenvorgang nach 1–3 Sonnentagen abgeschlossen. Vorteile dieser nachhaltigen Methode sind, dass keine weiteren Energiekosten anfallen und das Trockengut aufgrund der ausgeklügelten Konstuktion nicht dem direktem Sonnenlicht ausgesetzt ist bzw. vor Insekten geschützt ist. Im Handel gibt es unterschiedliche fertige Solartrockner, für Hobbyhandwerker bietet das Internet oder Fachbücher jede Menge Bauanleitungen für den Selbstbau.

TROCKNEN VON GEMÜSE

© Tobias Schneider-Lenz

FISOLEN

Kurz blanchieren, abtropfen, nicht über 50 °C trocknen. Sie sind fertig, wenn die Hülsen brechen.

ZWIEBELN

Zwiebeln mit dem Gemüsehobel oder der Schneidemaschine in Ringe (2–3 mm) schneiden. Die Trocknungszeit beträgt ca. 4 Stunden. Sollten die Zwiebeln beim Trocknen (im Backofen) zu dunkel werden, so müssen sie bei der weiteren Verwendung nicht geröstet werden.

▸ REZEPTTIPP

Getrocknete Zwiebeln zu Pulver vermahlen ergeben ein fantastisches Gewürzpulver.

SUPPENGEMÜSEMISCHUNG

Karotten, Sellerie, Pastinaken
Petersilienwurzel
Gelbe Rüben
Lauch
Petersiliengrün
Liebstöckel

Gemüse in Scheiben oder Streifen schneiden. Jede Art evtl. kurz blanchieren (außer Lauch, Petersiliengrün und Liebstöckel) und alle Arten einzeln trocknen. Nach dem Auskühlen einzeln oder gleich fertige Mischungen abfüllen.

ZUCCHINI UND KÜRBIS

Gemüse in 3–6 mm dicke Scheiben schneiden und trocknen.

TIPP! Ersatz für Knabbergebäck

Mit Kräuter- bzw. Knoblauchsalz oder Paprika bestreut, ist dies eine herrliche Knabberalternative.

RHABARBER

Rhabarber schälen, in 2–3 cm lange Stücke schneiden, kurz blanchieren und trocknen. Durch das Blanchieren wird der Oxalsäuregehalt gemindert und die Trocknungsdauer verkürzt sich.

▸ REZEPTTIPP

Eine erfrischend säuerliche Knabberköstlichkeit für Liebhaber von Säuerlichem.

TOMATEN

Festfleischige, nicht zu wässrige Tomatensorten verwenden, diese halbieren, vierteln oder in Scheiben schneiden. Kerne und Saft evtl. entfernen und die Tomaten mit der Schnittfläche nach oben auf den Rost legen, die Schnittflächen falls gewünscht mit einer Prise Zucker und evtl. etwas Kräutersalz und getrocknetem Knoblauch bestreuen. Die Trocknungszeit beträgt 12–15 Stunden.

▸ REZEPTTIPP

Ergibt ein gutes Gewürz (auch gemahlen) für aromatische Suppen und Saucen. Eine Köstlichkeit sind in Öl eingelegte getrocknete Tomaten.

© Tobias Schneider-Lenz

TROCKNEN VON PILZEN

Folgendes ist beim Sammeln und Verarbeiten von Pilzen zu berücksichtigen

- Pilze am Stiel mit scharfem Messer abschneiden, um das Pilzgeflecht nicht zu zerstören.
- Von Erde, Nadeln und Sonstigem an Ort und Stelle reinigen.
- Nur einwandfreie Pilze – nach Arten getrennt – in den Korb legen, keine Plastiktaschen verwenden.

© Mona Lorenz

- Pilze sofort weiterverarbeiten und möglichst nicht waschen.
- Die meisten Pilze können roh getrocknet werden (z. B. Champignons, Stein- bzw. Herrenpilze, Butterpilze, Maronenröhrlinge und Birkenpilze), bei einigen Arten (z. B. Rotkappen und Speisemorcheln) empfiehlt sich das vorherige Blanchieren.
- Kleine Pilze werden im Ganzen getrocknet, große Pilze halbiert, geviertelt oder in Scheiben geschnitten.
- Pilze sollten langsam trocknen, auf keinen Fall bei zu hohen Temperaturen, da sie sonst Aroma einbüßen.
- Eine bewährte Methode ist auch das Auffädeln. Die aufgefädelten Pilze an einem luftigen Ort ca. 2 Tage lang trocknen.
- Im Backofen beträgt die Trockendauer ca. 6 Stunden bei 50 °C. Erst wenn die Pilze brechen, sind sie fertig getrocknet.
- Eierschwammerln eignen sich nicht zum Trocknen, da sie dabei zäh werden.

- Helle Pilzarten, wie z. B. Champignons, behalten durch das Beträufeln mit Zitronensaft ihre helle Farbe.
- Steinpilze und Morcheln werden durch das Trocknen noch würziger, intensiver und aromatischer im Geschmack.
- Für die weitere Verwendung die Pilze mit Wasser knapp bedeckt quellen lassen (1–2 Stunden). Die Quellflüssigkeit zur Geschmacksverbesserung mitverwenden.
- Aus getrockneten Pilzabfällen, z. B. Stielen von Parasolen oder geschmacksintensiven Pilzen, wie z. B. dem Habichtspilz, lässt sich ein aromatisches Pilzpulver bereiten. Dieses eignet sich sehr gut zur Geschmacksintensivierung von Saucen, Suppen und Wildgerichten.

TROCKNEN VON KRÄUTERN UND BLÜTEN

Folgendes ist beim Sammeln und Verarbeiten von Kräutern und Blüten zu berücksichtigen

- Nicht alle Küchenkräuter und Blüten eignen sich gleichermaßen gut zum Trocknen.
- Besonders geeignet sind mediterrane Kräuter mit geringem Wassergehalt wie z. B. Thymian, Rosmarin, Oregano, Majoran, Lavendel, Bohnenkraut, Lorbeer oder Salbei.
- Geringe Aromaeinbußen erleiden Liebstöckel, Dill, Borretsch, Melisse, Ysop, Estragon und Basilikum.
- Nicht gut geeignet sind Schnittlauch, Petersilie und Bärlauch.
- Gut geeignete Blüten sind z. B. Rosen, Duftveilchen, Indianernesseln, Schlüsselblumen, Malven, Taglilien, Kornblumen, Ringelblumen, Hornveilchen ...
- Der beste Erntezeitpunkt für die Erhaltung des vollen Aromas ist kurz vor der Blüte.
- Kräuter und Blüten am besten nach dem Abtrocknen des Taues in den Vormittagsstunden ernten.
- Nur makellose und einwandfreie Kräuter ernten.
- Für Aroma- und Farberhaltung sind der optimale Erntezeitpunkt und die rasche Weiterverarbeitung besonders wichtig.

- Kräuter locker ausschütteln. Waschen ist nur erforderlich, wenn sie sehr sandig sind.
- Kräuter zu kleinen lockeren Sträußen binden und an einem warmen, luftigen Ort aufhängen. Die Temperatur sollte 30 °C nicht übersteigen, die wertvollen ätherischen Öle verflüchtigen sich bei zu hoher Temperatur.
- Um ein Verstauben und Verblassen der Farben zu verhindern, umwickelt man die Kräuterbündel mit Papier, und zwar so,

dass auf der Unterseite eine Öffnung ist und die Luft gut zirkulieren kann.

- Für kleine Kräutermengen reichen ein mit Fliegengitter bespannter Ofenrost oder einfache Holzrahmen. Die Kräuter immer in einer dünne Schicht auflegen.
- Nach dem Trocknen die Blätter vorsichtig abstreifen bzw. abzupfen (abrebeln) und in Schraubgläser füllen. In den ersten Tagen kontrollieren.
- Die Kräuter nach Arten getrennt aufbewahren oder fertige Spezialmischungen herstellen.
- Das Trocknen im Backofen ist auch bei niedrigen Temperaturen nur bedingt empfehlenswert, da es zu starken Aromaeinbußen kommt.
- Die Intensität der getrockneten Würz- und Teekräuter vermindert sich trotz sorgfältiger Lagerung. Deshalb sollten die Kräutervorräte immer nach einem Jahr verbraucht und durch neues Erntegut ersetzt werden.

© Karin Sidak

HINWEIS! Abrebeln

Unter gerebelten Kräutern versteht man getrocknete, zerkleinerte Kräuter. Rebeln bedeutet, dass von den ganzen getrockneten Kräuterzweigen die Blätter und evtl. Blüten abgestreift bzw. abgerebelt und je nach weiterer Verwendung zerkleinert werden. Nicht ganz so feine Kräuterblätter werden kurz vor der Verwendung zur vollen Aromaentfaltung auch gerne zwischen den Handflächen gerebelt (fein zerrieben). Getrocknete Kräuter mit sehr fester Struktur wie z. B. Lorbeer lassen sich auch gut mit einem Mörser oder sogar in der Kaffeemühle zerkleinern.

© Mona Lorenz

WÜRZMISCHUNGEN

Hier finden Sie einige Vorschläge für Mischungen von fertig getrockneten Kräutern und Trockengemüse. Die nachfolgenden Rezepte sind Anleitungen für erprobte Würzmischungen. Welches Grundmaß Sie verwenden, ist Ihnen überlassen. Sie können das Maß EL (Esslöffel) ganz nach persönlichem Wunsch durch kleinere oder größere Maße ersetzen, z. B. durch TL (Teelöffel), Tasse usw. Lassen Sie Ihrer Entdeckungslust und Kreativität freien Lauf, finden Sie Ihre eigene Lieblingsmischung und komponieren Sie ganz nach eigenen Geschmacksvorlieben!

PROVENÇALISCHE KRÄUTERMISCHUNG

2 EL Basilikum
2 EL Rosmarin
2 EL Thymian
2 EL Oregano
1 EL Bohnenkraut
1 EL Lavendel
evtl. gemahlener Anis, Koriander

Die gerebelten Kräuter gut vermischen und gut verschlossen aufbewahren.

▸ REZEPTTIPP

Mengenangabe „EL" bei Kräutern: Es ist immer ein gestrichener Esslöffel getrockneter, gerebelter Kräuter gemeint. Je feiner die Kräuter gerebelt sind, desto schneller verlieren sie an Aroma. Darum empfiehlt es sich, die Kräuter vorerst nicht ganz so fein zu zerkleinern und erst vor der Verwendung evtl. noch mit den Handflächen zu rebeln.

© Tobias Schneider-Lenz

ITALIENISCHE KRÄUTERMISCHUNG

3 EL getrocknete, zerkleinerte Tomaten
2 EL getrocknete, rote Zwiebelwürfel
2 EL getrockneter Knoblauch
2 EL Basilikum
2 EL Oregano
1 EL Zitronenthymian
1 EL Liebstöckel
1 EL Bohnenkraut

Zutaten gut vermischen und gut verschlossen aufbewahren.

© Irmtraud Weishaupt-Orthofer

SALATKRÄUTERMISCHUNG

2 EL Petersilie
2 EL Estragon
2 EL Dill
2 EL Zitronenmelisse
2 EL Basilikum
1 EL Bohnenkraut
1 EL Borretsch
1 EL Liebstöckel
1 EL Kapuzinerkresse

Die getrockneten, fein gerebelten Kräuter vermischen und gut verschlossen aufbewahren.

© Günter Hauer

WILDKRÄUTER-BLÜTENMISCHUNG

2 EL Bärlauchblätter
2 EL Brennnesselblätter
2 EL Gierschblätter
2 EL Brunnenkresse
2 EL Löwenzahnblätter
1 EL Gundermann
1 EL Schafgarbe
1 TL Quendel (ersatzweise Zitronenthymian)
1 TL Wiesensalbei (ersatzweise Gartensalbei)
4 EL Blüten (Schafgarbe, Holunder, Kornblumen, Rotkleeblüten ...)

Die getrockneten, fein gerebelten Kräuter und Blüten vermischen und gut verschlossen aufbewahren.

▸ REZEPTTIPP

Eignet sich hervorragend für Salate, feine Gemüsegerichte, Fisch, Risotto und Lammspezialitäten. Der Anteil der Blüten kann nach Belieben erweitert werden.

TOPFENGEWÜRZ

2 EL Petersilie
2 EL Estragon
2 EL Liebstöckel
2 EL Dill
1 EL Sellerieblätter
1 EL Zitronenmelisse
1 EL Ysop

Getrocknete und fein gerebelte Kräuter gut vermischen. Topfenaufstrich mit der Kräutermischung vor dem Genuss etwas durchziehen lassen.

GEMÜSESUPPENGEWÜRZ

2 EL Liebstöckel
2 EL Petersilie
1 EL Basilikum
1 EL Bohnenkraut
1 EL Zitronenmelisse
1 EL Sellerieblätter
1 EL getrocknete Tomatenschalen

Gerebelte Kräuter gut vermischen und gut verschlossen aufbewahren.

RINDER- UND WILDBRATENGEWÜRZ

2 EL Majoran
2 EL Liebstöckel
2 EL Bohnenkraut
1 EL Thymian
3–4 Lorbeerblätter
1 TL Salbei
1 TL Rosmarin
1 EL grob gemahlene rote Pfefferkörner
1 TL grob gemahlene Wacholderbeeren
1 TL gemahlenes Neugewürz
etwas gemahlenes Pilzpulver

© Tobias Schneider-Lenz

Getrocknete und fein gerebelte Kräuter mit den übrigen Zutaten gut vermischen.

LAMMGEWÜRZ

6 EL Thymian
4 EL Oregano
4 EL Rosmarin
3 EL Liebstöckel
2 EL Bohnenkraut
1 EL Pfefferminze
1 EL Salbei

Gerebelte Kräuter gut vermischen und gut verschlossen aufbewahren.

MISCHPILZPULVER

100 g getrocknete, gemischte Pilze
1 TL Ingwerpulver
etwas gemahlener bunter Pfeffer

Pilze fein mahlen, mit Ingwer und Pfeffer vermischen.

WICHTIG! Kein Salz beigeben!

Salz zieht Feuchtigkeit an und macht das Pulver auch im fest verschlossenen Schraubglas feucht, daher kein Salz dazugeben.

KNOBLAUCHPULVER

Getrocknete Knoblauchscheiben mahlen. Evtl. mit Basilikum und Pfeffer vermengen. Fest verschlossen aufbewahren.

▸ **REZEPTTIPP**

Nach derselben Rezeptur kann Zwiebelwürze hergestellt werden. Einfach getrocknete rote oder weiße Zwiebeln grob vermahlen.

KRÄUTERTEEMISCHUNGEN

Der Genuss von Kräutertee wirkt sich auf den ganzen Körper bzw. Stoffwechsel je nach Zusammenstellung anregend oder beruhigend aus. Sorgfältig getrocknete und liebevoll zusammengestellte Mischungen sind ein Genuss ohne Reue für jedes Alter. Für heiße Sommertage sind kalte bis eisgekühlte Kräutertees mit Zitronen- oder Orangensaft und evtl. mit Honig verfeinert ein erfrischender gesunder Durstlöscher.

HINWEIS! Variante

Besonders aromatisch wird Ihr Kräutertee, wenn Sie ihn mit hausgemachtem Löwenzahnblüten- oder Spitzwegerichsirup süßen.

FRÜHSTÜCKSTEE „FEINE KRÄUTER-BLÜTENMISCHUNG“

2 EL Zitronenmelisse
2 EL Waldhimbeerblätter
1 EL Pfefferminze
1 EL Brennnessel
1 EL Schlüsselblumenblüten
1 EL Ringelblumenblüten

Pro Tasse 1–2 TL Kräuterteemischung verwenden. Mit heißem Wasser übergießen und 5–10 Minuten ziehen lassen. Nach Belieben mit Blütenhonig süßen.

▸ **REZEPTTIPP**

Gekühlt, mit frischem Orangen- und Zitronensaft vermischt, ist das ein wunderbarer hausgemachter Eistee.

© Tobias Schneider-Lenz

SCHLUMMERTEE

2 EL Zitronenmelisse
2 EL Kamillenblüten
2 EL Lavendelblüten
2 EL Johanniskraut
1 EL Hopfenblüten

Zubereitung siehe Frühstückstee.

„FÜNF-UHR-TEE“

1 EL Brombeerblätter
1 EL Schafgarbe
1 EL Zitronenmelisse
1 EL Goldmelisse
1 EL Apfelminze
1 EL Holunderblüten

Zubereitung siehe Frühstückstee.

KRÄUTER-HAUSTEE

1 EL Pfefferminze
1 EL Waldmeister
1 EL Erdbeerblätter
1 EL Brombeerblätter
1 EL Himbeerblätter
1 EL Malve
1 EL Holunderblüten
1 EL Apfelminze

Zubereitung siehe Frühstückstee.

© Mona Lorenz

KRÄUTER- UND BLÜTENMISCHUNGEN FÜR DEN WOHNBEREICH

Holen Sie sich den Duft der Kräuter in Ihr Haus! Es gibt mannigfaltige Möglichkeiten, den wunderbaren Sommerduft von Kräutern und Blüten besonders für die Wintermonate einzufangen. Mit duftenden Eigenkreationen in unterschiedlichsten Kombinationen lässt sich Ihr Wohnbereich auf natürliche Weise „duftvoller“ gestalten. Diese Mischungen sind auch sehr persönliche, liebevolle Geschenke.

KRÄUTERDUFTKISSEN

2 Tassen Rosenblätter
2 Tassen Lavendelblüten
2 Tassen Zitronenmelisse
1 Tasse Pfefferminzblätter
1 Tasse Zitronenverbene oder evtl. Duftgeranie
evtl. Hopfenblüten

Alle Zutaten mischen, in vorbereitete Baumwoll- oder Leinenkissen (Größe und Form nach Ihrer Wahl) geben und diese gut verschließen bzw. zunähen. Für ein Kissen von 30 x 40 cm brauchen Sie ca. 300 g Kräuter.

▸ REZEPTTIPP!

Durch einige Tropfen ätherisches Öl (Lavendel, Geranie, Verbene, Rosen) können der Duft und die Wirkung verstärkt und verlängert werden. Mischen Sie sich Ihr persönliches Ruhekissen! Empfehlenswert sind Überzüge zum Wechseln.

© Karin Sidak

POTPOURRIMISCHUNG „BAUERNGARTEN"

3 Tassen gemischte getrocknete Blüten (Rosen, Malven, Ringelblumen, Stiefmütterchen, Gartennelken, Veilchen, Jasmin, Jungfer im Grün, Kornblumen ...)
1 Tasse duftende gemischte Kräuter und Blüten (Lavendel, Rosmarin, Zitronenmelisse, Goldmelissenblüten, Salbei, Pfefferminze ...)
1 TL gemahlener Zimt
1 TL gemahlenes Neugewürz
5 Stück Sternanis
2 Zimtrinden
½ Vanilleschote, in kleine Stücke geschnitten
je 2 Tropfen Lavendel- und Nelkenöl
evtl. einige getrocknete Orangen-, Mandarinen-, Grapefruit- oder Zitronenscheiben
evtl. ganze Muskatnüsse oder -blüten zum Dekorieren

Alle Zutaten vorsichtig mischen, in ein großes, verschließbares Glas oder in ein Plastikgefäß füllen und 14 Tage an einem warmen Ort durchziehen lassen.

Die fertige Mischung dekorativ in geeignete schöne Schalen, Töpfe, Duftkugeln, Gläser oder Flaschen füllen.

▸ REZEPTTIPP!

Mithilfe von etwas Salz behält ein offen stehendes Potpourri länger sein würziges Aroma. Einfach mit einer kräftigen Prise Salz bestreuen und durchmischen. Je nach Jahreszeit kann man auch getrocknete Getreideähren, Gräser, Zapfen, getrocknetes Moos und Ähnliches verwenden.

KRÄUTERSÄCKCHEN FÜR DEN KLEIDERSCHRANK

3 Tassen Lavendelblüten
1 Tasse Rainfarnblätter
1 Tasse Wermut
1 Tasse Eberraute
2 zerbröselte Zimtstangen
1 TL Gewürznelken

Alle Zutaten vermischen, in Jute- oder Leinensäckchen füllen und gut verschließen. Die Säckchen mit einer Kordel oder einem bunten Band verschnüren. Als Schutz vor Motten in den Schrank hängen oder in die Wäschefächer legen.

GEWÜRZSALZE AUS GEMÜSE, KRÄUTERN UND BLÜTEN

Mit Kräutern oder Gewürzen aromatisiertes Salz ist eine sinnvolle Ergänzung des eigenen Gewürzschrankes. Hausgemachte Kräuter- und Gewürzsalzmischungen geben Ihren Speisen eine besondere Note.

Vielfältig & individuell

Selbst gemachte Gewürzsalzmischungen sind vielseitig zu gebrauchen, wie zum Würzen von Fleisch oder Fisch, verschiedenen Gemüsegerichten, Saucen und Suppen, zum Bestreuen selbst gemachter Chips oder zum Verfeinern hausgemachter Aufstriche. Bei den eigenen Gewürzsalzmischungen können Sie selbst den Salzanteil, die Salzart und die Zusammenstellung der Zutaten nach persönlichen Vorlieben bestimmen. Dies ist eine echte Alternative zu den Industriemischungen, die meist einen hohen Anteil an Salz und teilweise Zusatzstoffen (z. B. Rieselhilfen) beinhalten. Bei der Herstellung der nachfolgenden Gewürzsalze aus Gemüse, Kräutern und Blüten sind bei den Rezepturen zwei Herstellungsmethoden möglich.

TIPP! Vollendeter Geschmack

Eine Prise Zucker in salzigen Gewürzmischungen rundet den Geschmack harmonisch ab und gibt noch den letzten Kick!

Methode I – Nassverfahren: Frisches Gemüse bzw. Kräuter + Salz

Hier werden frische gehackte Kräuter bzw. geraspeltes oder durch den Fleischwolf faschiertes Gemüse mit Salz vermischt. Nun kann man diese Mischung gleich trocknen (bei Mischungen mit geringem Salzgehalt) oder man lässt das Ganze noch 1–2 Wochen im Kühlschrank in einem verschließbaren Gefäß ziehen. Das Salz nimmt während dieser „Ziehzeit" die Aromen der Kräuter bzw. des Gemüses besonders intensiv an – außerdem wirkt es konservierend. Getrocknet wird am einfachsten so: Die Mischung auf ein mit Backpapier ausgelegtes Blech verteilen und im Backofen bei max. 50 °C mit eingeklemmtem Kochlöffel (damit die feuchte Luft entweichen kann) trocknen. Anschließend mit dem Mörser, in der Kaffeemühle, im elektrischen Blitzhacker oder ganz einfach mit den Handflächen zur gewünschten Stärke vermahlen.

Methode II – Trockenverfahren: Getrocknete Kräuter/Blüten bzw. Gemüse + Salz

Bei dieser Methode werden getrocknete Kräuter und/oder Blüten bzw. Gemüsestücke mit Salz vermischt und anschließend wie bei der Methode I vermahlen.

Salzauswahl

Die Salzauswahl ist heute riesig, und Sie können zwischen Stein- und Meersalzen aus aller Welt wählen. Welches Salz Sie für Ihre selbst gemachten Würzsalze verwenden, ist Geschmackssache – vom günstigen Tafelsalz bis hin zum teuren Fleur de Sel ist alles möglich. Salz wird auch in unterschiedlichen Körnungen und Ausmahlungsgraden (fein, grob, Flocken) angeboten. Wir empfehlen naturbelassene Salze (z. B. Stein- oder Bergkernsalz) aus der Region – möglichst unraffiniert, ohne Zusätze und Rieselhilfen. Salz ist für die nachfolgenden Würzsalze sozusagen der Dirigent, der das Kräuter- und Gewürzorchester so richtig zum Klingen bringt! Es hebt die Aromen hervor und rundet den Geschmack ab.

Bunte Salzwelten selbst zaubern

Dazu wird Salz mit frischen farbigen Kräutern/Blüten oder mit frischem Gemüse mit dem Blitzhacker oder auch mit dem Mörser im Verhältnis 1:2,5 vermahlen. Je mehr Kräuter und Blüten verwendet werden, desto intensiver die Färbung. Der vermahlene farbige Brei wird dann auf ein mit Backpapier ausgelegtes Blech gestrichen und bei max. 50 °C im Backofen bei Heißluft (Kochlöffel einklemmen!) schonend getrocknet. Welche Kräuter bzw. welches Gemüse Sie verwenden oder ob Sie vielleicht auch mehrere Zutaten mit demselben Farbton (z. B. Rote Rübe mit Rosenblüten) kombinieren, bleibt Ihnen überlassen. Tauchen Sie ein in die aufregende bunte Salzwelt und lassen Sie sich von den Schätzen der Natur inspirieren.

Vorschläge für bunte Salze

Grün: Brennnessel, Kapuzinerkresseblätter, Rucola, Selleriegrün, Spinat, Bärlauch etc.
Cremefarben: Pastinaken-, Petersilien- oder Selleriewurzeln
Gelb: Sonnenblumenblüten, gelbe Ringelblumenblüten, gelbe Dahlienblüten, Schlüsselblumenblüten, Gelbe Rüben
Orange: orange Ringelblumenblüten, Kapuzinerkresseblüten, Karotten
Rot, Dunkelrot: Amarantblätter, Rote Rüben, rote Rosenblüten
Rosa, Lila: Malvenblüten, Lavendelblüten, rosa und lila Rosenblüten, Veilchen, Wiesenschaumkrautblüten

TIPP! Faustregel

Als Faustregel für das Mengenverhältnis können Sie von **100 g Blüten/Kräuter/Gemüse** zu ca. **250 g Salz** ausgehen. Ganz nach persönlichem Geschmack kann das Verhältnis jedoch individuell abgeändert werden.

© Mona Lorenz

Schicht für Schicht ein Genuss

Zum Augenschmaus der Extraklasse werden bunte Salze, wenn sie in unterschiedlichen Farbkompositionen in schmale hohe Gläser gefüllt werden. Zum Einfüllen am besten einen Trichter verwenden und die neue Salzschicht immer vorsichtig auf die vorherige Schicht rieseln lassen. Unterschiedliche Schichten farblich harmonisch abgestimmt oder kunterbunt durcheinander eingefüllt machen selbst gemachte Salze zum echten Hingucker! Hier gleich eine Idee:

Vier-Jahreszeiten-Salz

1. Schicht: grünes Salz (z. B. Bärlauchsalz) steht für den Frühling
2. Schicht: oranges Salz (z. B. Ringelblumensalz) steht für den Sommer
3. Schicht: rot-lila-farbenes Salz (z. B. Rote-Rüben-Salz) steht für den Herbst
4. Schicht: cremefarbenes Salz (z. B. Pastinakensalz) steht für den Winter

© Mona Lorenz

KRÄUTERSALZ

25 g Salz
50 g getrocknete Kräuter (z. B. Majoran, Petersilie, Liebstöckel, Basilikum, Rosmarin, Thymian, Salbei, 1 Lorbeerblatt)

Die Kräuter im Mörser, in der Kaffeemühle oder im Mahlaufsatz der Küchenmaschine mahlen und mit Salz vermischen. Das Kräutersalz in fest verschließbaren Gläsern oder Dosen aufbewahren.

SELLERIESALZ

250 g getrocknete Selleriestücke (Knollen- oder Staudensellerie)
2–3 EL getrocknete Sellerieblätter
evtl. 2 EL Selleriesamen
250 g Salz

Getrocknete Selleriestücke fein vermahlen. Mit gerebelten Sellerieblättern, Selleriesamen und Salz vermischen und in Gläsern verschlossen aufbewahren.

HINWEIS! Varianten

- Nach diesem Grundrezept kann man auch aus Pastinakenwurzeln, Roten Rüben, Gelben Rüben (mit oder ohne Grün) etc. Wurzelsalz herstellen.
- Auch Trester von gepressten Gemüsesäften (Sellerie, Karotte etc.) lässt sich so nachhaltig zu Gemüsesalz verarbeiten.

ROTE-RÜBEN-SALZ

100 g frische Rote Rüben
250 g Salz
abgeriebene Schale von 2 unbehandelten Orangen
Mark einer Vanilleschote
1 TL gemahlene Pefferkörner
1 TL Kurkumapulver
1 TL gerebelter Orangenthymian

Die Roten Rüben schälen (Einweghandschuhe verwenden) und fein raspeln. Mit Salz und den restlichen Zutaten verrühren – zugedeckt im Kühlschrank einige Tage durchziehen lassen. Dazwischen die Masse öfter umrühren, dann auf ein mit Backpapier ausgelegtes Blech dünn aufstreichen. Bei 50 °C Heißluft (Köchlöffel bei der Backofentür einklemmen) trocknen. Anschließend fein vermahlen (Cutter, Mörser) und in Gläser abfüllen.

© Mona Lorenz

▸ **REZEPTTIPP**

Ideal für Bittersalate und verschiedene Gerichte mit Roten Rüben (z. B. Rübencarpaccio etc.). Passt auch hervorragend zu rosa gebratenem Wild – erst beim Anrichten darüberstreuen.

© Werner Krug

GEMÜSEWÜRZSALZ

100 g Salz, 150 g getrocknetes Gemüse:
je 20 g Karotten, Gelbe Rüben und Lauch
je 25 g Sellerie- und Petersilienwurzeln
je 15 g Tomaten und Zwiebeln
10 g Liebstöckel, Petersiliengrün und Lorbeer

Die Zutaten mahlen, mit Salz mischen und gut verschließen.

▸ REZEPTTIPP

Auf Wunsch können Sie die Salzmenge entsprechend verringern.

WÜRZIGES WILDKRÄUTERSALZ

250–300 g gemischte Wildkräuter (z. B. Giersch, Bärlauch, Brennnesseln, Schafgarbe, Quendel, Gundermann, Knoblauchsrauke, Sauerampfer, Spitzwegerich usw.)
(oder 250–300 g von nur einem bestimmten Wildkraut)
800 g Salz

Die erntefrischen Kräuter grob hacken und mit dem Salz gut vermischen. Nun in eine gut verschließbare Plastikdose geben. Die Kräutersalzmischung im Kühlschrank 1–2 Wochen ziehen lassen. Anschließend auf ein mit Backpapier ausgelegtes Blech verteilen. Im Backofen bei max. 50 °C bei Umluft mit eingeklemmtem Kochlöffel (damit die feuchte Luft entweichen kann) trocknen. Dauer: 1–2 Stunden.

Das fertig getrocknete Salz mit einem Mörser oder einfach mit den Handflächen zerreiben. In kleine Schraubverschlussgläser füllen.

▸ REZEPTTIPP

Wie viele verschiedene Wildkräuter Sie verwenden, können Sie nach Belieben entscheiden. Nach derselben Rezeptur kann Gartenkräutersalz hergestellt werden. Dafür verwendet man einfach frische Gartenkräuter (Petersilie, Liebstöckel, Basilikum, Majoran, Thymian, Zitronenmelisse, Schnittknoblauch, Bohnenkraut, Lorbeer etc.).

AROMATISCHE SUPPENWÜRZE

300 g Zwiebeln
250 g Karotten
250 g Sellerieknolle
250 g Porree
250 g Petersilienwurzeln oder Pastinaken
1 Bund Petersilie
1 kleiner Bund Liebstöckel
2–5 Knoblauchzehen
150–200 g Salz
1 TL frisch gemahlener Pfeffer

Zwiebeln, Knoblauch und Kräuter fein hacken. Porree in ganz feine Ringe schneiden. Das übrige Gemüse faschieren oder mit der Gemüseraspel reiben. Alles mit Salz und Pfeffer vermischen. Auf einem mit Backpapier ausgelegten Blech gleichmäßig verteilen. Im Backofen bei 50 °C mit eingeklemmtem Kochlöffel (damit die feuchte Luft entweichen kann) trocknen. Der Trockenvorgang dauert je nach Flüssigkeitsgehalt und Zerkleinerungsgrad des Gemüses 3–6 Stunden. Wenn alles gut getrocknet ist, mit einer Kaffeemühle oder einem elektrischen Blitzhacker fein vermahlen. Am besten in Schraubverschlussgläsern aufbewahren.

▸ REZEPTTIPP

Ein tolles hausgemachtes Würzmittel für Suppen, Saucen oder Marinaden. Selbstverständlich können auch noch andere Kräuter (z. B. Lorbeer, Thymian etc.), Gemüse (z. B. Gelbe Rüben, Fenchel, Paprika, Paradeiser etc.) oder Gewürze (Neugewürz, Wacholder usw.) beigegeben werden.

BLÜTENGEWÜRZSALZ

150 g grobkörniges Salz
5 EL getrocknete Blüten
(z. B. Holunderblüten, Ringelblumen, Indianernessel, Kornblumen, Sonnenblumen, Malven, Rosenblüten)
½ TL gemahlener Ingwer
evtl. 1–2 Tropfen Zitronenöl oder etwas getrocknete Zitronenschale

Alle Zutaten in einem Mörser grob vermahlen, aber nicht zu fein, da die Blütenstruktur noch erkennbar sein soll. Das fertige Blütengewürzsalz in aromadichte Behältnisse füllen.

▸ REZEPTTIPP

Blütengewürzsalz sieht nicht nur wunderschön aus, sondern ist auch ein tolles Würzmittel zum Bestreuen von Salaten, Eierspeisen, Gemüsesuppen, Aufstrichen oder ganz einfach aufs Butterbrot.

HINWEIS! Varianten

Besonders „hot“ ist diese Grundrezeptur erweitert mit je einem TL Chili-, Knoblauch- und Zwiebelwürfeln.
Blütengewürzsalz für Desserts oder Obstsalate kann mit je einer Messerspitze Zimt- und Nelkenpulver sowie 1 EL geriebener Orangenschale verfeinert werden.

BLÜTENPFEFFER

100 g Pfeffermischung (grün, schwarz, weiß)
4 Neugewürzkörner
je 10 g getrocknete Ringelblumenblüten, Malvenblüten, Schnittlauchblüten
1 TL gemahlene Zitronenzesten

Pfeffermischung und Neugewürzkörner grob mörsern. Mit Blüten und Zitronenzesten vermischen. In aromadichte Behältnisse füllen.

▸ REZEPTTIPP

Anstelle der Zitronenzesten können Sie auch Orangenzesten verwenden und zusätzlich für Wildgerichte, würzige Eintöpfe getrocknete Taglilienblüten hinzufügen. Rosenblütenblätter mit rosa Pfefferkörnern sind ein extravagantes Gewürz für Süßspeisen, wie z. B. flambierte Erdbeeren, Schokoladekreationen, feine Salate ...

ROSENBLÜTENSALZ MIT ROSA PFEFFERKÖRNERN

150 g grobkörniges Salz
5 EL getrocknete Rosenblüten
1 TL getrocknete feine Zitronen- oder Orangenzesten
2 EL rosa oder rote Pfefferkörner

Alle Zutaten in einem Mörser vermahlen. Nicht zu fein – das Gewürzsalz soll noch eine grobkörnige Struktur haben. In gut verschließbare Gläser oder Dosen füllen.

▸ REZEPTTIPP

Das blumig-pfeffrige Rosensalz ist eine geniale Würze für kurz gebratene Rinder- oder Lammfilets. Es passt aber auch sehr gut zu Wildgerichten oder zum Vollenden von feinen Gemüsegerichten wie z. B. Spargel. Intensivieren kann man das Aroma dieses Würzsalzes mit je einem Tropfen Rosen- und Pfefferöl. Einfach unter das fertige Gewürzsalz mischen und in Schraubverschlussgläsern aufbewahren.

Paprika
Marmelade

HALTBARMACHEN DURCH HITZE UND ZUCKERZUSATZ

GEMÜSEMARMELADEN, GEMÜSE- UND KRÄUTERGELEES

Aufstriche aus Obst in verschiedensten Variationen haben bei uns einen festen Platz am Frühstückstisch. Doch dass man sich auch mit „gemüsigen" Marmeladen und Kräutergelees den Start in den Tag versüßen kann, ist vielen noch unbekannt. Wie wäre es damit?

Vollkornbrot mit einer fruchtigen Karotten-Ribisel-Marmelade, knusprige Semmerln mit einer erfrischenden Kürbis-Zitronen-Marmelade mit Zitronenmelisse oder vielleicht doch lieber Großmutters Sonntagsstriezel in Kombination mit einem nach Zimt und Vanille schmeckenden Zucchini-Apfel-Fruchtaufstrich. Sind Sie auf diese neuen Geschmackserlebnisse neugierig geworden? Dann probieren Sie sie doch einfach aus!

Konfitüre, Marmelade oder Gelee?

Laut offizieller lebensmittelrechtlicher Definition, in Angleichung an den englischen Sprachgebrauch, dürfen nur aus Zitrusfrüchten hergestellte Fruchtaufstriche „Marmeladen" genannt werden, wohingegen die Produkte aus allen anderen Früchten den Konfitüren zugeordnet werden.

Sehr oft findet sich anstelle der Bezeichnung „Marmelade" bzw. „Konfitüre" die Sachbezeichnung „Fruchtaufstrich" auf dem Etikett.

In Österreich werden Konfitüren trotz dieser Unterscheidung fast durchwegs als „Marmeladen" bezeichnet. Deshalb wird in den nachfolgenden Rezepten immer die Bezeichnung „Marmelade" verwendet, auch wenn es sich ganz streng genommen um Konfitüren bzw. Fruchtaufstriche handelt.

Konfitüren

Laut Konfitürenverordnung handelt es sich um aus einer oder mehreren ganz oder teilweise zerkleinerten Obstarten hergestellte streichfähige Zubereitungen. Im Handel wird zwischen „Konfitüre extra" und „einfach" unterschieden.

Marmeladen

Laut Marmeladenverordnung sind Marmeladen streichfähige Zubereitungen aus Zitrusfrüchten (Orangen, Zitronen, Grapefruits, Mandarinen usw.). Diese Bezeichnung wird häufig auch für alle dickbreiigen Produkte angewandt, die z. B. mit Hilfe eines Mixers vor der Herstellung püriert werden.

Gelees

So werden gelierte Zubereitungen aus reinem oder verdünntem Fruchtsaft und Zucker genannt.

Das Prinzip der Marmeladen- und Geleebereitung

Bei einer Konzentration von mindestens 50 % wirkt Zucker auf Mikroorganismen wachstumshemmend. Beim Marmeladekochen bindet er durch seine Wasserlöslichkeit die Flüssigkeit und schafft ein Milieu, in welchem sich keine Bakterien entwickeln können.

Zusätzlich ist er für die Erhaltung von Farbe und Aroma verantwortlich und verhindert den zu schnellen Abbau von Vitaminen (besonders Vitamin C) und Nährstoffen.

Empfehlungen für die Praxis

Geeignetes Gemüse

- Für die Verarbeitung von Marmeladen und Gelees eignen sich bei Fruchtgemüse z. B. Kürbisse (Riesen- oder Moschuskürbis), Zucchini, Tomaten und Melonen.
- Aus der Gruppe der Wurzelgemüse sind Karotten und Gelbe Rüben recht gut geeignet. Liebhaber von Roten Rüben können auch damit neue Kreationen ausprobieren.
- Nicht vergessen werden darf der Rhabarber, der sehr oft dem Obst zugeordnet wird. Botanisch gesehen, wird Rhabarber aber zum Stängelgemüse gezählt.
- Bei Marmeladen und Gelees aus Gemüse handelt es sich meist um Mischungen mit Obst, da z. B. Kürbis relativ wenig Eigengeschmack hat. Zum Mischen eignen sich fast alle Obstarten, ideal sind jedoch solche, die einen hohen Pektingehalt (z. B. Ribiseln, Äpfel, Quitten) haben, da Gemüse – je nach Art – relativ wenig Pektin enthält.
- Bei Kräutergelees dient meist Apfelsaft als Geleebasis, die Kräuter sind Aroma-, Geschmacks- und teilweise Farbträger.

HINWEIS! Variationsmöglichkeiten

Neben Apfelsaft als Basis für Kräutergelees sind auch andere regionale Saftspezialitäten eine wunderbare Alternative. Für Gelees empfiehlt sich z. B. auch Birnen- oder Quittensaft.
Wer ein klares Gelee haben will, sollte keine naturtrüben Säfte, sondern geklärte verwenden.

Einkochhilfen

- Zucker ist ein in der Natur vorkommendes Kohlenhydrat. Neben seiner süßenden Eigenschaft ist besonders seine konservierende Wirkung von Bedeutung.
- Das Angebot an Gelierhilfen und Zuckerersatzstoffen wird immer größer. Welche dieser Einkochhilfen Sie bei der Konservierung verwenden, liegt in Ihrem Ermessen.
- Beispiele für im Handel erhältliche Gelierhilfen sind: Gelierzucker 1:1 (d. h. 1 Teil Frucht, 1 Teil Zucker), weiters gibt es Gelierzucker 2:1 (d. h. hier werden 2 Teile Frucht und 1 Teil Zucker verwendet) bzw. Gelierzucker 3:1 (3 Teile Frucht, 1 Teil Zucker).

HINWEIS! Konservierungsstoffe

Zucker wirkt konservierend. Deshalb sollte man sich bewusst sein, dass in zuckersparenden Gelierzucker-Alternativen (2:1 oder 3:1) aufgrund des geringeren Zuckeranteils zusätzliche Konservierungsstoffe enthalten sind. Ein Blick auf die Zutatenliste der verwendeten Gelierhilfen gibt Auskunft darüber, was in den jeweiligen Einkochhilfen steckt.

- Darüber hinaus gibt es auch alternative Gelierhilfen wie Gelierpulver sowie flüssige Geliermittel, die in Kombination mit normalem Zucker verwendet werden: Pektin (aus Äpfeln oder Zitrusfrüchten gewonnen), Agar-Agar (aus Rotalgen gewonnen), Johannisbrotmehl (Verdickungsmittel aus den Samen des Johannisbrotbaumes), Unigel (Mischung aus Traubenzucker, Pektin und Weinsäure).

Vorarbeiten

- Sauberkeit und beste Qualität sind oberstes Gebot.
- Die Zutaten müssen immer genau abgewogen werden, niemals schätzen.
- Vor dem Befüllen der Einkochgläser ist darauf zu achten, dass diese keine Fremdgerüche aufweisen. Die Gläser mit Spülmittel gründlich reinigen, mit viel klarem Wasser nachspülen, evtl. auskochen und umgedreht auf einem Tuch abtropfen lassen oder im Backofen sterilisieren.
- Nie mehr als 2 kg Gemüse- bzw. Fruchtmasse und die vorgeschriebene Zuckermenge auf einmal verarbeiten. Es ist empfehlenswert, einen Kochtopf mit möglichst großem Durchmesser zu verwenden. Durch die große Oberfläche verdunstet das Wasser schneller, und die Masse muss nicht so lange gekocht werden. Die Verluste im Hinblick auf Vitamine, Geschmack, Aroma und Farbe sind geringer.

© Wilhelm Hufnagl

- Marmeladen lassen sich auch aus tiefgefrorenem Gemüse und Obst zubereiten. Zu empfehlen ist diese Methode auch, wenn Sie Mischmarmeladen aus Gemüse und Obst herstellen, die zu unterschiedlichen Zeiten reifen. Dabei ist Folgendes zu beachten:
- Gemüse, das man für die Herstellung von Marmeladen verwendet, am besten als Mus einfrieren (z. B. Kürbismus, Karottenmus, Zucchinimus).
- Wenn Zucker beigegeben wird, dies genau vermerken, damit die Zuckermenge beim Einkochen entsprechend reduziert werden kann.
- Bei Verwendung von tiefgefrorenem Gemüse und Obst dieses immer vor dem Auftauen abwiegen und die Früchte sofort nach dem Auftauen verarbeiten.
- Tiefgefrorenes Gemüse kann je nach Rezept wie Frischware verwendet werden.

Einkochen

- Die angegebene Kochzeit beginnt erst, wenn die Masse sprudelt (Kochzeiten immer genau einhalten). Während des Erhitzens und Kochens rühren, damit sich das Pektin löst und verteilt.
- Produkte mit Gelierhilfen nie zu lange über die angegebene Kochzeit kochen, da die Gelierkraft verlorengeht.
- In sonnenarmen, regenreichen Sommern ist der Gehalt an Fruchtsäuren und -zucker geringer. Gemüse und Obst ist in solchen Sommern wasserreicher und oft stark mit Keimen behaftet. Deshalb zusätzlich Zitronensaft und evtl. Zucker zugeben und 1–2 Minuten länger kochen.
- Machen Sie immer eine Gelierprobe! Methode I: Einen Tropfen Marmelade auf ei-

Durchführen einer Gelierprobe (links). Der Einfülltrichter ermöglicht ein rasches und sauberes Arbeiten beim Abfüllen in die Gläser (rechts). © Tobias Schneider-Lenz

nen Teller geben. Oder Methode II: Einen Tropfen in ein Glas kaltes Wasser geben. Wenn der Tropfen erstarrt, ist die Marmelade fertig.

- Falls die Marmelade/das Gelee noch zu flüssig ist, noch 1–3 Minuten weiterkochen. Auch der Zusatz von Säure hilft, dass die Masse fester wird, also einfach noch etwas Zitronensaft oder -säure beigeben und noch kurz kochen.

TIPP! Mazerieren

Einkochprofis bedienen sich gerne der Methode des Mazerierens. Besonders bei Gemüse und Obst mit geringem Pektingehalt ist diese Methode empfehlenswert. Dazu wird einfach die Gemüse-Obst-Masse mit Zucker und Zitronensaft in einem Topf vermischt. Die Masse dann zugedeckt an einem kühlen Ort durchziehen (mazerieren) lassen. Zusätzlich kann die Masse einmal kurz aufgekocht werden. Durch das Ziehen über mehrere Stunden löst sich der Zucker perfekt auf, das Wasser aus dem Gemüsepürre bzw. aus den Früchten wird gelöst – so kann sich das Pektin besser entfalten und die Marmelade geliert besser. Am nächsten Tag wird die Masse wie gewohnt eingekocht.

Einfüllen

- Beim Einfüllen die Gläser auf ein feuchtes Tuch stellen, um deren Springen zu verhindern.
- Schaum sollte immer abgeschöpft werden, da dieser Trübstoffe und Verunreinigungen enthält, welche die Haltbarkeit beeinträchtigen.
- Einkochgläser immer randvoll füllen, damit möglichst wenig Luft im Glas verbleibt.
- Nach dem Befüllen der Gläser (am besten mit einem speziellen Einfülltrichter) die Ränder mit einem sauberen Tuch abwischen.
- Marmelade so heiß wie möglich abfüllen und sofort verschließen. Gläser mit Schraubverschluss (Twist-off-Verschluss) für ca. 10–15 Minuten auf den Kopf stellen. Dieser kleine Dreh bewirkt, dass sich die Früchte gleichmäßig verteilen. Der Deckel wird zusätzlich nochmals sterilisiert und der Inhalt luftdicht abgeschlossen.

Nacharbeiten

- Die befüllten Gläser in den ersten Tagen nicht unnötig bewegen, um das Gelieren nicht zu behindern.
- Ausgekühlte Produkte etikettieren, d. h., mit Herstellungsdatum und Inhaltsangaben versehen.

Lagerung

- Der Lagerraum sollte kühl, dunkel und trocken sein. Die ideale Temperatur liegt zwischen 4 und 18 °C. Am besten geeignet sind kühle Speisekammern oder Kellerräume. Kühlschränke sind wegen der zu hohen Luftfeuchtigkeit nicht geeignet.

TIPP! Omas Anzünde-Trick

Die „Schnapsidee" aus Omas Einkoch-Trickkiste ist genial und verlängert die Haltbarkeit. Dazu auf die eingefüllte Marmelade einige Tropfen hochprozentigen Alkohol (mindestens 40 Vol.-%) träufeln. Nun mit einem Stabfeuerzeug oder einem langen Streichholz anzünden, Deckel daraufgeben und verschließen. Die Flamme verbraucht den Restsauerstoff im Glas und der Inhalt wird somit luftdicht abgeschlossen.

Damit's nach mehr schmeckt!

Da gerade für die Herstellung von Marmeladen geeignete Gemüsearten vergleichsweise nicht so einen intensiven Eigengeschmack wie so manches Obst haben, können Sie durch raffinierte „Würzungen" ein besonderes Geschmackserlebnis ins Glas zaubern. Hierbei sind der eigenen Kreativität fast keine Grenzen gesetzt. Wichtig dabei ist, dass die geschmacksverfeinernden Zutaten immer auf das Grundprodukt abgestimmt werden bzw. damit harmonieren müssen.

Gewürze

Gerne werden Vanille, Zimt, Ingwer, Gewürznelken oder auch Lebkuchengewürz verwendet.

Orangen- und Zitronenzesten

Diese in feine Streifen geschnittenen Schalen von unbehandelten Zitrusfrüchten werden oft zur Geschmacksverbesserung beigemischt.

Brände und Liköre

Sehr oft werden auch Marmeladen mit „Schuss" bzw. „Beschwipste Marmeladen" hergestellt. Diese geschmacksverfeinernden Zutaten haben auch noch zwei Zusatznutzen. Einerseits wird durch den Alkoholgehalt die Haltbarkeit verbessert, und andererseits wird der Eigengeschmack unterstrichen. Dabei wählt man Spirituosen, die geschmacklich mit dem Grundprodukt harmonieren.
Beispiele:

- Kürbis-Orangen-Marmelade mit Orangenlikör
- Zucchini-Birnen-Marmelade mit Williamsbrand
- Karotten-Ribisel-Marmelade mit Ribisellikör

Die Spirituosen dürfen erst nach Beendigung der Kochzeit eingerührt werden, da ansonsten das Aroma im wahrsten Sinne des Wortes „verduften" würde.

Natürliche Backaromen oder echte (100 %) ätherische Öle

Diese konzentrierten Aromastoffe eignen sich auch sehr gut zum „Parfümieren" von Eingekochtem. Einige Tropfen, wie z. B. Zitrone, Orange oder Rose, verleihen Marmeladen eine besondere und lange anhaltende Geschmacksnote.

Kräuter und Blüten

Dass sich einige Kräuter und Blüten wunderbar zur Geschmacksverfeinerung von Marmeladen eignen, ist vielen eher unbekannt. Doch gerade solche Kreationen sind im Handel nicht erhältlich und vermitteln dem Genießer etwas Außergewöhnliches. Zitronenmelisse, Pfeffer- und Apfelminze, Waldmeister, Holunder-, Lavendel- oder Rosenblüten, Duftge-

ranienblätter und Zitronenverbene werden gerne als geschmacksverfeinernde Zutaten verwendet. Hier zwei Beispiele stellvertretend für die vielen Möglichkeiten:

- Karotten-Zitronen-Marmelade mit Zitronenmelisse
- Kürbis-Apfel-Holunder-Marmelade mit Apfelminze

REZEPTE FÜR GEMISCHTE GEMÜSEMARMELADEN UND GELEES

Die Rezeptvorschläge lassen sich in Bezug auf die Kombination von Früchten und Gemüse oder Kräutern usw. ganz individuell abändern, denn die Geschmäcker sind zum Glück sehr verschieden.

Bei den nachstehenden Rezepten ist als Gelierhilfe der Einfachheit halber immer Gelierzucker angegeben. Welche Gelierhilfen und Süßungsmittel Sie verwenden, können Sie nach eigenem Ermessen entscheiden. Auf den Verpackungen der verschiedenen Gelierhilfen ist genau angegeben, wie viel von der jeweiligen Gelierhilfe im Verhältnis zur Fruchtmenge benötigt wird. Auch die genaue Zubereitungsanleitung sowie die Garzeit sind angegeben.

Ein Beispiel für eine alternative Gelierhilfe soll hier angeführt werden, nämlich die Verwendung von natürlichem Pektinpulver. Wer Marmelade nur mit Zucker und natürlichen Pektinpulver kochen will, geht so vor:

MARMELADENZUBEREITUNG MIT PEKTINPULVER: GRUNDREZEPT/RICHTLINIE

1 kg Gemüse und/oder Obst
1 kg Zucker
15–20 g Pektinpulver
Saft von 1–2 Zitronen

Gemüse und/oder Obst zerkleinern bzw. pürieren, 2–3 EL vom Zucker mit dem Pektinpulver vermischen (bei Früchten mit von Natur aus hohem Pektingehalt kann die Menge reduziert werden). Das Gemüse und/oder Obst mit dem restlichen Zucker und dem Zitronensaft vermischen und ca. 4 Minuten kochen. Dann die Pektin-Zucker-Mischung einrühren und noch einige Minuten weiterkochen, bis die Masse geliert.

▸ REZEPTTIPP

Solche Marmeladen werden üblicherweise mit einem Teil Fruchtmasse und einem Teil Zucker eingekocht. Auch hier kann selbstverständlich die Zuckermenge reduziert werden, jedoch ist die Haltbarkeit aufgrund des geringeren Zuckergehalts dann niedriger.

HINWEIS! Wissenswertes über Pektin

Der Name Pektin kommt vom giechischen „*pektos*“ (gelieren, erstarren). Pektin ist der Oberbegriff für eine Gruppe von löslichen, für den Menschen unverdaulichen Ballastoffen. Generell gilt, dass Gemüse bzw. Früchte mit einer festeren, harten Struktur und Schale (z. B. Karotten, Kürbis, Quitten, Äpfel, Zitronen) einen höheren Pektingehalt haben als weiches, wasserreiches Gemüse und Obst (z. B. Gurken oder Erdbeeren). Eine zusätzliche Faustregel ist: Je süßer und überreifer die Frucht/das Gemüse, desto weniger Pektin ist enthalten.

KÜRBIS-ZITRONEN-MARMELADE MIT ZITRONENMELISSE

750 g Kürbismus
250 ml Zitronensaft
500 g Gelierzucker 2:1
2–3 EL gehackte Zitronenmelisse

Für das Kürbismus den Kürbis (fester gelb- oder orangefarbiger Kürbis) schälen, entkernen und raspeln oder in kleine Stücke schneiden. Das vorbereitete Kürbisfleisch in einen weiten Topf geben und knapp mit Wasser bedecken. Anschließend die Masse zum Kochen bringen und so lange kochen, bis sie weich ist. Sollte das Kürbismus noch zu grob sein, kann es mit dem Mixaufsatz oder dem Mixstab noch fein püriert werden.

Das ausgekühlte und genau abgewogene Kürbismus mit Zitronensaft und Gelierzucker vermischen, in einen Topf geben und zum Kochen bringen. Die auf der Zuckerpackung angegebene Kochzeit genau einhalten und die Gelierprobe machen. Die vorbereitete Zitronenmelisse in die Marmelade rühren, heiß in die vorbereiteten Gläser füllen und sofort verschließen.

KÜRBIS-APFEL-MARMELADE MIT KÜRBISKERNEN

600 g Kürbismus
400 g kleinwürfelig geschnittene Äpfel
1 kg Gelierzucker 1:1
3–4 EL Kürbiskerne
30 ml Apfelbrand

Kürbismus (siehe Kürbis-Zitronen-Marmelade) mit kleinwürfelig geschnittenen oder grob geraspelten Äpfeln und Gelierzucker vermischen.

Die Masse in einem Topf zum Kochen bringen, Kürbiskerne beigeben und laut angegebener Kochzeit sprudelnd kochen lassen. Gelierprobe machen! Vor dem Abfüllen den Apfelbrand unterrühren und wie beschrieben abfüllen.

▸ REZEPTTIPP

Nach dem gleichen Rezept kann auch Kürbis-Birnen-Marmelade mit Williamsbrand hergestellt werden.
Die Kürbiskerne können weggelassen werden, stattdessen kann man die Marmelade z. B. mit Kardamom verfeinern.

„BESCHWIPSTE" KÜRBIS-DIRNDL-MARMELADE

500 g Kürbismus
500 g entkernte Kornelkirschen (Dirndln)
1 kg Gelierzucker 1:1
40 ml Dirndllikör

Kürbismus (siehe Kürbis-Zitronen-Marmelade) zubereiten, Kornelkirschen waschen und knapp mit Wasser bedeckt gar kochen. Wasser ablaufen lassen und die Früchte durch ein Sieb passieren. Kürbis- und Kornelkirschenmus auskühlen lassen und anschließend mit dem Gelierzucker laut angegebener Kochzeit stark sprudelnd kochen lassen. Gelierprobe machen und vor dem Einfüllen mit Dirndllikör parfümieren.

▸ REZEPTTIPP

Anstelle von Dirndln können auch andere Wildfrüchte, wie z. B. Hagebutten, Sanddorn, Schlehen oder Vogelbeeren, verwendet werden.

„GEISTIGE" KÜRBIS-HEIDELBEER-MARMELADE MIT VANILLE

500 g Kürbismus
500 g Heidelbeeren
1 kg Gelierzucker 1:1
Mark einer Vanilleschote
40 ml Heidelbeerlikör oder -brand

Kürbismus (siehe Kürbis-Zitronen-Marmelade) mit Heidelbeeren, Gelierzucker und ausgeschabtem Mark einer Vanilleschote in einem Topf zum Kochen bringen. Laut angegebener Kochzeit sprudelnd kochen lassen. Gelierprobe machen, vor dem Abfüllen mit Likör oder Brand aromatisieren.

▸ REZEPTTIPP

Diese Marmelade kann anstelle von Heidelbeerlikör oder -brand auch mit Rum verfeinert werden. Anstelle von Vanillemark verleihen eine Prise Zimt, Kardamom oder Nelkenpulver dieser Marmelade einen richtigen Kick und machen sie zu etwas Besonderem.

KÜRBIS-BLUTORANGEN-MARMELADE

600 g Kürbismus
400 g frisch gepresster Blutorangensaft
1 kg Gelierzucker 1:1
1 EL Orangenzesten
20 ml Orangenlikör

Für die Orangenzesten mit einem Zestenreißer Orangen abziehen oder mit einem scharfen Messer die Orangenschale ganz dünn abschälen und in feine Streifen schneiden. Kürbismus (siehe Kürbis-Zitronen-Marmelade) mit Blutorangensaft und Gelierzucker vermischen. In einem Topf zum Kochen bringen. Orangenzesten beigeben und laut angegebener Kochzeit sprudelnd kochen lassen. Gelierprobe machen und vor dem Abfüllen mit Orangenlikör aromatisieren.

▸ REZEPTTIPP

Wer gerne ganze Fruchtstücke in seiner Marmelade mag, kann anstelle des Safts auch dieselbe Menge Orangenfilets oder halb Saft und halb Fruchtstücke verwenden.

WEIHNACHTLICHE KÜRBIS-APFEL-HOLUNDER-MARMELADE

330 g Kürbismus
330 g kleinwürfelig geschnittene Äpfel
330 g Holunderbeeren
500 g Gelierzucker 2:1
Saft und Schale einer unbehandelten Orange
2 EL grob gehackte Walnüsse
½ TL Lebkuchengewürz

Kürbismus (siehe Kürbis-Zitronen-Marmelade), Äpfel, Holunderbeeren, Saft und geriebene Schale der Orange mit dem Gelierzucker vermischen und in einem Topf unter ständigem Rühren zum Kochen bringen. Walnüsse und Lebkuchengewürz unterrühren und laut angegebener Kochzeit sprudelnd kochen. Gelierprobe machen und heiß in vorbereitete Gläser füllen.

▸ REZEPTTIPP

Holunderbeeren können auch durch Zwetschken oder Pflaumen ausgetauscht werden.

GELBE-RÜBEN-RIBISEL-MARMELADE

500 g Gelbe Rüben
500 g Ribiseln (rot oder weiß)
500 g Gelierzucker 2:1
Saft und Schale einer unbehandelten Zitrone

Gelbe Rüben mit der Gemüseraspel fein reiben. Knapp mit Wasser bedeckt in einem Topf weich kochen und evtl. pürieren. Die Masse auskühlen lassen und mit Ribiseln, Gelierzucker, Zitronensaft und -schale vermischen. Zum Kochen bringen und laut angegebener Kochzeit bis zur Gelierprobe sprudelnd kochen lassen. Heiß in Gläser füllen und sofort verschließen.

▸ REZEPTTIPP

Die Marmelade kann mit gehackter Zitronenmelisse verfeinert werden. Anstelle von Gelben Rüben können auch Karotten oder Kürbis verwendet werden.

ZUCCHINI-APFEL-MARMELADE MIT APFELMINZE

700 g Zucchini (reines Fruchtfleisch)
300 g Äpfel
Saft einer Zitrone
1 kg Gelierzucker 1:1
2–3 EL gehackte Apfelminze

Zucchini schälen, längs halbieren und die Mitte ausschaben, falls sie weich und voller Kerne ist. Das Fruchtfleisch in kleine Würfel schneiden oder raspeln. Die Äpfel vom Kerngehäuse befreien und würfelig schneiden. Zucchini- und Apfelwürfeln mit Gelierzucker und Zitronensaft vermischen und unter ständigem Rühren bis zur Gelierprobe kochen. Vor dem Abfüllen in die Gläser die gehackte Apfelminze unterrühren.

▸ REZEPTTIPP

Anstelle von Apfelminze kann auch Pfefferminze verwendet werden.

ZUCCHINI-BIRNEN-MARMELADE MIT RUMROSINEN

600 g Zucchini (reines Fruchtfleisch)
400 g Birnen
1 kg Gelierzucker 1:1
Saft und Schale einer unbehandelten Orange
3 EL Rumrosinen

Für die Rumrosinen am Vortag 3 EL Rosinen in Rum (es kann auch Birnenbrand verwendet werden) einweichen. Zucchini und Birnen wie bei der Zucchini-Apfel-Marmelade (S. 58) beschrieben vorbereiten. Die Zucchini- und Birnenstücke mit Gelierzucker, Orangensaft und -schale vermischen und zum Kochen bringen. Die Rumrosinen beigeben und bis zur Gelierprobe kochen. Heiß in Gläser füllen und sofort verschließen.

▸ REZEPTTIPP

Auch Dörrzwetschken oder andere Trockenfrüchte können anstelle von Rosinen für diese Marmelade verwendet werden.

© Andrea Jungwirth

ROTE-RÜBEN-APFEL-WEIN-GELEE

250 ml Rote-Rüben-Saft
250 ml Apfelsaft
250 ml Rotwein
1 kg Gelierzucker 1:1
evtl. eine Prise Zimt

Für den Saft Rote Rüben schälen und in Stücke schneiden, in einem Topf mit Wasser bedeckt zum Kochen bringen, kurz kochen, evtl. pürieren und den Saft durch ein Tuch laufen lassen. Größere Mengen können auch im Dampfentsafter entsaftet werden. Für den Apfelsaft geht man nach derselben Methode vor. Der Apfelsaft kann auch frisch gepresst werden, doch bei kalt gepressten Säften werden die Pektine (wichtig für den Geliervorgang) nicht so gut aufgeschlossen. Für das Gelee Rüben- und Apfelsaft mit dem Rotwein und dem Gelierzucker vermischen und zum Kochen bringen. Das Gelee bis zur Gelierprobe kochen und mit etwas Zimt verfeinern. Wie beschrieben abfüllen und sofort verschließen.

▸ REZEPTTIPP

Es kann auch eine ganze Zimtrinde mitgekocht werden, welche dann als Dekoration im Glas bleibt.

© Karin Sidak

KAROTTEN-ZITRONEN-MARMELADE

1 kg Karotten
3–4 unbehandelte Zitronen
1 EL Zucker
1 kg Gelierzucker 1:1

Karotten putzen und raspeln. Zitronen gut abwaschen und die Schale abreiben. Die abgeriebene Schale mit 1 EL Zucker vermischen und zur Seite stellen. Zitronen auspressen und 125 ml (⅛ l) Saft abmessen.

Karotten mit Zitronensaft und 125 ml Wasser vermischen und weich kochen. Bei höherer Zitronensaftausbeute das Wasser um die entsprechende Menge reduzieren. Das Karottenmus evtl. mit einem Mixstab oder einem Mixaufsatz fein pürieren.

Gelierzucker und Zitronenschale untermischen und unter ständigem Rühren zum Kochen bringen. Laut angegebener Kochzeit sprudelnd kochen lassen, Gelierprobe machen und heiß in saubere Gläser füllen.

© Tobias Schneider-Lenz

▸ REZEPTTIPP

Wer es besonders „zitronig“ mag, gibt gehackte Zitronenmelisse oder -verbene dazu.

ROTWEIN-ROSMARIN-SALBEI-GELEE

500 ml Apfelsaft
500 ml vollmundiger Rotwein
1 kg Gelierzucker 1:1
einige Rosmarinzweige und Salbeiblätter

Apfelsaft mit Rotwein und Gelierzucker vermischen. In einem Topf zum Kochen bringen und bis zur Gelierprobe kochen.

In jedes Glas einen Rosmarinzweig und ein Salbeiblatt geben. Mit heißem Gelee auffüllen und sofort verschließen.

▸ REZEPTTIPP

Schmeckt herrlich zu Wildspezialitäten.

© Tobias Schneider-Lenz

KAROTTEN-BROMBEER-MARMELADE MIT MANDELBLÄTTCHEN

600 g Karotten
etwas Weißwein
400 g Brombeeren
2 EL Mandelblättchen oder -stifte
1 kg Gelierzucker 1:1
einige Tropfen Bittermandelaroma oder Mandellikör

Karotten putzen und fein raspeln, in einem Topf knapp mit Weißwein (es kann auch Wasser verwendet werden) bedeckt weich kochen.

Das ausgekühlte Karottenmus mit Brombeeren und Gelierzucker vermischen und in einem weiten Topf zum Kochen bringen. Mandelblättchen beigeben und laut angegebener Kochzeit bis zur Gelierprobe sprudelnd kochen lassen. Vor dem Abfüllen mit Bittermandelaroma oder Likör aromatisieren.

▸ REZEPTTIPP

Wer keine Brombeerkerne in der Marmelade mag, kann die Beeren auch passieren oder durch ein feines Sieb streichen.

KAROTTEN-PREISELBEER-MARMELADE MIT WALNÜSSEN

600 g Karotten
400 g Preiselbeeren
500 g Gelierzucker 2:1
2–3 EL Walnüsse
evtl. 20 ml Nusslikör

Karotten raspeln und knapp mit Wasser bedeckt weich kochen. Die Karottenmasse pürieren und auskühlen lassen. Preiselbeeren, Gelierzucker und Walnüsse untermischen, das Ganze zum Kochen bringen, laut angegebener Kochzeit sprudelnd kochen, Gelierprobe machen und abfüllen.

▸ REZEPTTIPP

Ein „Stamperl" (2 cl) Nussgeist rundet den Geschmack harmonisch ab.

ZUCCHINI-PFLAUMEN-MARMELADE MIT STERNANIS

500 g Zucchinifleisch
500 g entkernte Pflaumen
4–5 Stück Sternanis
1 kg Gelierzucker 1:1
evtl. 20 ml Zwetschkenbrand

Zucchini wie für die Zucchini-Apfel-Marmelade vorbereiten, die entkernten Pflaumen und den Gelierzucker damit vermischen. Sternanis beigeben und zum Kochen bringen. Laut angegebener Kochzeit sprudelnd kochen lassen. Den Topf vom Herd nehmen und Zwetschkenbrand unterrühren. Die fertige Marmelade mit je einem Stück Sternanis in Gläser füllen und verschließen.

▸ REZEPTTIPP

2–3 EL Honig runden den Geschmack ab. Anstelle von Pflaumen können auch saftige Zwetschken verwendet werden.

RHABARBER-ERDBEER-MARMELADE MIT HOLUNDERBLÜTEN

500 g Erdbeeren
500 g Rhabarber
1 kg Gelierzucker 1:1
Saft einer Zitrone
4–5 große Holunderblüten

Erdbeeren waschen und mit einer Gabel zerdrücken, Rhabarber ebenfalls waschen (falls notwendig, die äußere Haut abziehen) und in feine Scheiben (ca. ½ cm) schneiden. Rhabarberstücke, zerdrückte Erdbeeren, Gelierzucker und Zitronensaft in einen Topf füllen und kochen, bis die Masse geliert. Inzwischen die Holunderblüten vorsichtig von den Dolden abzupfen. Die abgezupften Blüten in die vorbereiteten Gläser füllen. Mit heißer Rhabarber-Erdbeer-Marmelade auffüllen, sofort verschließen und die Gläser kurz auf den Kopf stellen.

▸ REZEPTTIPP

Rhabarber lässt sich auch gut zu Gelee verarbeiten oder für Mischmarmeladen verwenden: Rhabarber-Apfel (1 Teil Rhabarber, 1 Teil Apfel) oder Rhabarber-Orangen (2 Teile Rhabarber, 1 Teil Orangensaft) oder Rhabarber-Himbeer (3 Teile Rhabarber, 1 Teil Himbeeren).

© Wolfgang Hummer

APFEL-TOMATEN-GELEE

500 ml frischer Apfelsaft
250 ml frischer Tomatensaft
Mark einer Vanilleschote
1 kg Gelierzucker 1:1

Apfel- und Tomatensaft sowie das ausgeschabte Vanillemark (die Schote kann zur Geschmacksverbesserung mitgekocht werden) mit dem Gelierzucker in einen Topf geben. Das Ganze gut verrühren und bis zur Gelierprobe kochen. Vanilleschote entfernen und das Gelee heiß in die vorbereiteten Gläser füllen.

GRÜNE-TOMATEN-MARMELADE MIT INGWER

1 kg grüne Tomaten
1 kg Gelierzucker 1:1
Saft und Schale von einer unbehandelten Zitrone und einer Orange
1 Zimtstange
4 Gewürznelken
1 Prise Ingwerpulver oder frisch geriebener Ingwer

Tomaten waschen, die Stielansätze herausschneiden und Tomaten entkernen. Mit dem Mixer pürieren, mit Gelierzucker, Orangen- und Zitronensaft sowie den übrigen Gewürzen vermischen. Zum Kochen bringen und laut angegebener Kochzeit bis zur Gelierprobe sprudelnd kochen lassen, heiß einfüllen.

GRÜNE-TOMATEN-MARMELADE MIT ÄPFELN

500 g grüne Tomaten
500 g Äpfel
1 kg Gelierzucker 1:1
Saft einer Zitrone

Tomaten waschen, Stielansätze herausschneiden und das Fruchtfleisch in feine Streifen schneiden. Die Äpfel in kleine Würfel schneiden oder grob raspeln. Vorbereitete Tomaten mit Äpfeln, Gelierzucker und Zitronensaft vermischen. Unter Rühren zum Kochen bringen und laut angegebener Kochzeit sprudelnd kochen lassen. Gelierprobe machen und abfüllen.

▸ REZEPTTIPP

Ingwerfans können diese Marmelade auch mit Ingwer würzen.

GEWÜRZMOSTGELEE VON DER LANDLBIRNE MIT BLÜTEN

750 ml Landlbirnenmost (ersatzweise anderer Birnenmost)
je 2 Orangen- und Zitronenscheiben (von unbehandelten Früchten)
1 kleine Zimtstange
1 Stk. Sternanis
4 Gewürznelken
2 Neugewürzkörner
500 g Gelierzucker 2:1
einige Duftblüten (z. B. Holunder, Mädesüß, Malven, Duftgeranie)
1 Vanilleschote

Den Most mit Orangen- und Zitronenscheiben sowie den Gewürzen in einem Topf langsam zum Kochen bringen. Den Gewürzmost vom Herd nehmen und 2–3 Stunden zugedeckt stehen lassen, damit das Aroma der Gewürze sich besser entfalten kann. Den Gewürzmost abseihen, die Flüssigkeit abmessen und den Gelierzucker einrühren. Bis zur Gelierprobe kochen. In die vorbereiteten Gläser die Blüten und je ein kleines ein Stück der Vanilleschote hineingeben, das heiße Gelee einfüllen und die Gläser verschließen.

GRUNDREZEPT: FEINES BLÜTENGELEE

ca. 2 Handvoll Blüten (z. B. von Lavendel, Holunder oder Thymian …) oder Blütenblätter (z. B. von Rosen)
1 l Apfelsaft
500 g Gelierzucker 2:1
Saft und Schale einer halben Bio-Zitrone

Blüten bzw. Blütenblätter sorgfältig verlesen. Apfelsaft aufkochen und den größten Teil der Blüten bzw. Blütenblätter sowie Zitronensaft dazugeben. Diesen Ansatz 1–3 Stunden (evtl. sogar über Nacht) ziehen lassen. Anschließend abseihen, den Sud mit Gelierzucker und abgeriebener Zitronenschale in einen Topf füllen und bis zur Gelierprobe kochen. Die restlichen frischen Blüten bzw. Blütenblätter in die vorbereiteten Gläser geben, das Gelee einfüllen und sofort heiß verschließen.

▸ REZEPTTIPPS

- Das Gelee eignet sich zum Süßen von Beeren oder harmoniert mit Brioche und zarten Parfaits.
- Nach diesem Grundrezept können auch andere Blütengelees zubereitet werden. Geeignete sind viele Blüten, z. B. von Veilchen, Zitronenverbene, Lavendel, Holunderblüten, Waldmeister, Duftgeranien, Flieder, Gänseblümchen, Schlüsselblumen etc.
- Ein wunderbar goldgelbes Gelee entsteht aus frisch gepresstem Orangensaft mit Löwenzahnblüten.
- Eine außergewöhnliche Variante ist Fliederblüten-Prosecco-Gelee. Den Apfelsaft einfach durch Prosecco und die Rosenblüten durch Fliederblüten ersetzen.

WICHTIG! Blüten bzw. Blütenblätter

Kleine Blüten (z. B. von Kräutern, Holunder, Waldmeister etc.) werden abgezupft und „im Ganzen“ verwendet. Bei größeren Blüten (z. B. Rosen, Duftgeranien, Ringelblumen, Löwenzahn etc.) werden nur die farbigen Blütenblätter (in der Biologie als „Kronblätter“ bezeichnet) verwendet, man zupft diese vom Blütenboden ab. Bei Rosen muss man die unteren, weißen, bitteren Teile der Blütenblätter (Kronblätter) entfernen. Die Qualität und der Duft der mit Blüten aromatisierten Produkte sind abhängig von den verwendeten Blüten.

MINZEGELEE

100 g Minzeblätter
125 ml kochendes Wasser
750 ml Apfelsaft
750 g Gelierzucker 1:1
evtl. einige Tropfen grüne Lebensmittelfarbe

Die Minzeblätter mit kochendem Wasser überbrühen und 1 Stunde ziehen lassen. Abgießen und die Blätter entfernen. Die würzige Essenz mit dem Apfelsaft und dem Gelierzucker mischen.

Unter Rühren bis zur Gelierprobe kochen. Mit der Lebensmittelfarbe das Grün verstärken und heiß in kleine saubere Gläser füllen. Sofort verschließen.

▸ REZEPTTIPP

Eine englische Spezialität, die gerne zu Lammgerichten serviert wird.

AROMATISCHES PAPRIKAGELEE

450 g rote Spitzpaprika
2 rote milde Pfefferoni
800 g vollreife Tomaten
120 g rote Zwiebeln
150 ml Rotwein
1 Zweig Rosmarin
1 Zweig Orangenthymian
1 TL Steinsalz
etwas geriebener Pfeffer
1 EL Zitronensaft
1 kg Gelierzucker 2:1

Paprika und Pfefferoni grobwürfelig schneiden, Tomaten vierteln, Zwiebeln würfelig schneiden. Den Rotwein mit den Kräutern und Gewürzen aufkochen, das vorbereitete Gemüse beigeben und bei geringer Hitze mit geschlossenem Deckel sehr weich dünsten. Anschließend alles durch ein Sieb streichen (das Gelee soll keine Schalen und Kerne beinhalten). Den Zitronensaft und den Gelierzucker zur Masse dazugeben und bis zur Gelierprobe kochen. Das Gelee in die vorbereiteten Gläser füllen und verschließen.

© Mona Lorenz

MELONEN-ORANGEN-MARMELADE MIT ORANGENTHYMIAN

800 g Honigmelonen (Fruchtfleisch)
1 kg Gelierzucker 1:1
Schale einer unbehandelten Orange
200 ml frisch gepresster Orangensaft
1 TL Orangenthymian

Melonenfruchtfleisch kleinwürfelig schneiden oder raspeln. Mit Gelierzucker vermischen und über Nacht ziehen lassen. Am nächsten Tag die Schale einer Orange abreiben und zusammen mit dem Orangensaft zum Melonen-Zucker-Gemisch geben. Die Masse in einem weiten Topf zum Kochen bringen und laut angegebener Kochzeit sprudelnd kochen lassen. Abgezupfte Orangenthymianblättchen unterrühren und sofort abfüllen!

▸ REZEPTTIPP

Etwas Orangenlikör verleiht dieser außergewöhnlichen Marmelade eine besondere Note.

CHUTNEYS UND RELISHES

Chutneys stammen ursprünglich aus Indien und heißen dort „chanti", was „scharf gewürzt" bedeutet. Im 19. Jahrhundert brachten heimkehrende britische Kolonialherren diese würzigen Spezialitäten mit, die sich in der Folge auf der ganzen Welt verbreiteten. Relishes haben wir den Amerikanern zu verdanken; „to relish something" bedeutet „etwas genießen, sich daran erfreuen".

Chutneys

Es handelt sich dabei um süß-saure Würzmarmeladen. Die Grundlage bilden verschiedene Frucht- und Gemüsearten. Dazu kommen Zucker, Essig und Gewürze, wie Ingwer, Zimt, Gewürznelken, Pfeffer, Chili oder Curry. Das Chutney wird ähnlich wie eine Marmelade dick eingekocht.

Relishes

Sie haben meist Gemüse als Grundlage. Sehr oft beinhalten sie Zwiebeln in großer Menge. Die Konsistenz ist im Gegensatz zu den Chutneys flüssiger und gleicht eher einer Sauce. Relishes werden daher auch gerne zur Geschmacksverfeinerung von Saucen verwendet.

Diese pikant-würzigen Spezialitäten schmecken vorzüglich zu Fisch-, Geflügel- und Fleischgerichten aller Art. Sehr appetitanregend und schmackhaft sind sie in Verbindung mit Vorspeisen, Reis- und Nudelgerichten, Salaten und Pasteten. Ihre Herstellung ist einfach und beschert auch Anfängern Erfolgserlebnisse. Chutneys und Relishes, in kleinen Mengen hergestellt, sind in der modernen Küche als besondere Würzmittel wichtige Bestandteile geworden.

Empfehlungen für die Praxis

- Grundsätzlich gelten auch hier die Einkochregeln wie für Marmeladen und Gelees (siehe ab S. 50).
- Kochend heiß eingefüllt beträgt die Haltbarkeit 6–12 Monate.
- Kühl und dunkel lagern.
- Geöffnete Chutneys im Kühlschrank aufbewahren und rasch verbrauchen.

TIPP! Süß-saure Würzmarmeladen

Für viele ist die Chutney-Herstellung die perfekteste und nachhaltigste Methode, um die Ernteüberschüsse aus dem eigenen Garten oder Gemüse- und Obstreste (auch tiefgekühlt) genial zu verwerten.

Das Spannende daran ist, dass man sich nicht „sklavisch" an ein vorgebenes Rezept halten muss, sondern mit ein wenig Gespür und Übung sowie den Lieblingszutaten seine ganz eigenen Chutney- bzw. Relishvorräte kreieren kann.

Ob Apfel- oder Weinessig, brauner oder weißer Zucker, Früchte und/oder Gemüse, solo oder kombiniert – Chutneys sind kulinarische Chamäleons und können bezüglich ihrer Zutaten je nach Verfügbarkeit und persönlichen Geschmacksvorlieben abgewandelt werden.

Diese fruchtig würzigen Saucen sind für jene, die Herzhaftes dem Süßen vorziehen, die bessere Marmelade. Ob scharf, süß, säuerlich oder alles gleichzeitig, welche Geschmacksrichtung dominiert, entscheiden Sie selbst.

REZEPTE FÜR CHUTNEYS UND RELISHES

ROTE-RÜBEN-RELISH

600 g Rote Rüben
400 g säuerliche Äpfel
2–3 rote Zwiebeln
¼ l Apfelessig
¼ l Apfelsaft
¼ l Rotwein
250–300 g Zucker
Saft und Schale einer unbehandelten Zitrone
1 TL Salz
3 EL Senfsamen
2 TL fein gehackter Ingwer
¼ TL geschroteter Kreuzkümmel
3–4 geschrotete Neugewürzkörner
1 TL geschrotete Pfefferkörner
1 TL Honig

Rote Rüben schälen und in ganz feine Würfel schneiden. Apfel entkernen und grob raspeln oder in kleine Stücke schneiden. Zwiebeln fein hacken. Alle Zutaten bis auf den Honig in einen Topf geben, aufkochen und bei geringer Hitze 30–45 Minuten zu einem dicklichen Brei einkochen lassen. Dazwischen ab und zu umrühren und bei Bedarf etwas Wasser beigeben. Die Masse ist fertig, wenn sie eine marmeladenähnliche Konsistenz aufweist und alle Zutaten weich und leicht glasig sind. Vor dem Abfüllen Honig einrühren und das Relish ganz heiß in vorbereitete Gläser füllen.

▸ REZEPTTIPPS

Bei Würzen darf ruhig experimentiert werden, z. B. mit Zimtstangen, Sternanis, Kardamom oder einem Hauch Chilipulver.

Fruchtige Süße erhält dieses erdige Chutney durch die Beigabe von Rosinen, Preiselbeeren oder Himbeeren.

Diese rote Würzmarmelade schmeckt sensationell zu Ziegenfrischkäse in Kombination mit Nüssen, aber auch zu gegrilltem Fleisch (z. B. Wild) oder ganz einfach als vegetarischer Brotaufstich.

RHABARBERCHUTNEY

750 g Rhabarber
500 g Äpfel
300 g Kandiszucker
1 TL Salz
¼ l Rotwein- oder Apfelessig
ca. 1 Tasse Wasser
je 100 g Dörrzwetschken und Rosinen
Saft und geriebene Schale einer unbehandelten Orange
ein kleines Stück (ca. 2 cm) frisch geriebener Ingwer
1 EL Senfkörner
etwas Neugewürz und Cayennepfeffer

Rhabarber putzen und in kleine Würfel schneiden. Äpfel schälen, entkernen und in kleine Würfel schneiden. Rhabarber, Äpfel, Zucker, Salz, Rotweinessig und Wasser in einem Topf zum Kochen bringen. Nach einer halben Stunde Kochzeit klein geschnittene Dörrzwetschken, Rosinen, Orangensaft und -schale, Ingwer, Senfkörner und Neugewürz dazugeben. Weitere 20–30 Minuten dick einkochen lassen. Bei Bedarf noch Wasser nachgießen. Vor Beendigung der Garzeit mit Cayennepfeffer pikant abschmecken. Das fertige Chutney in heiße, saubere Gläser füllen und sofort verschließen.

TOMATEN-ZUCCHINI-CHUTNEY

800 g feste, reife Tomaten
500 g Zucchini
300 g Zwiebeln
3 Knoblauchzehen
2 Pfefferoni
300 ml Apfelessig
500 g Vollzucker
1 Stange Zimt
1 EL Salz
10 Gewürznelken
3 EL Senfkörner
2 EL fein gehacktes Liebstöckel
3 EL fein gehackte Petersilie
3 EL fein gehacktes Basilikum
2 EL gehacktes Oregano

Tomaten an der Oberseite mit einem Messer kreuzweise einritzen, in kochendem Wasser kurz überbrühen und anschließend enthäuten. Die geschälten Tomaten vierteln, Stielansätze entfernen, entkernen und das Fruchtfleisch in Würfel schneiden. Zucchini in kleine Würfel schneiden. Zwiebeln, Knoblauch und Pfefferoni fein hacken.

Essig mit Zucker, Zimt, Salz und Gewürznelken zum Kochen bringen. Senfkörner in einer Pfanne kurz trocken rösten (verstärkt das Aroma) und ebenfalls zum Sud geben. Tomaten, Zucchini, Zwiebeln, Knoblauch und Pfefferoni zum Sud geben und rund 20–25 Minuten sprudelnd kochen lassen.

© Tobias Schneider-Lenz

Die gehackten Kräuter beigeben, nochmals kurz aufkochen lassen, in Gläser füllen und verschließen.

CHILISAUCE „MANCHE MÖGEN'S HEISS"

250 g rote Chilischoten (oder Pfefferoni)
1 TL Zucker oder Honig, 1 TL Salz
2 TL Apfelessig
Saft einer halben Zitrone

Chilischoten vom Stielansatz befreien und in Salzwasser weich kochen. Abseihen und mit dem Stabmixer oder im Mixaufsatz fein mixen. Mit Zucker bzw. Honig, Salz, Essig und Zitronensaft abschmecken. Sollte die Masse zu dick sein, einfach etwas Wasser beigeben. Nochmals kurz aufkochen und heiß in kleine Gläser oder Flaschen füllen.

▸ REZEPTTIPP

Es ist empfehlenswert, beim Vorbereiten der Chilischoten Handschuhe zu tragen!

SCHARFES KÜRBISCHUTNEY

600 g Kürbisfleisch
400 g säuerliche Äpfel
2 Zwiebeln
3 EL Öl
250 ml Apfel- oder Weißweinessig
5 EL Sherry- oder Balsamicoessig
4 zerdrückte Knoblauchzehen
1 kleines Stück geriebene Ingwerwurzel
100 g Rosinen
1 EL grüne Pfefferkörner
2–3 getrocknete zerriebene Chilischoten
geriebene Schale einer unbehandelten Zitrone
½ TL Zimtpulver
½ TL Gewürznelkenpulver
1 TL gelbes Senfpulver
5 EL Kandiszucker
1 TL Salz
etwas Cayennepfeffer oder Tabascosauce
ca. 1 Tasse Wasser

Kürbis kleinwürfelig schneiden oder raspeln, Äpfel schälen, Kerngehäuse entfernen und in kleine Würfel schneiden, Zwiebeln fein hacken.

Zwiebeln in Öl goldbraun rösten, Kürbiswürfel beigeben und mit Apfel- oder Weißweinessig und Sherry- oder Balsamicoessig ablöschen. 10 Minuten leicht köcheln lassen, Apfelwürfel und restliche Zutaten beigeben. Mit ca. einer Tasse Wasser aufgießen und unter ständigem Rühren 20–30 Minuten dicklich einkochen lassen. Bei Bedarf noch Wasser nachgießen. Das fertige Chutney in saubere Gläser einfüllen und sofort verschließen.

GURKENRELISH

1 kg Gurken
½ TL Salz
3 EL Öl
300 g rote Zwiebeln
5 Knoblauchzehen
200 g säuerliche Äpfel
200 g Zucker
250 ml Estragon- oder Apfelessig
einige Spritzer trockener Sherry (oder Weißwein) zum Aufgießen
3 EL geriebener Kren
2 EL fein gehacktes Basilikum
2 EL fein gehackter Dill
evtl. einige Spritzer Worcestersauce

Gurken entkernen und in kleine Würfel schneiden. Mit Salz bestreuen und über Nacht ziehen lassen. Öl erhitzen, darin fein gehackte Zwiebeln und Knoblauch glasig anlaufen lassen. Kleinwürfelig geschnittene Äpfel und Gurken beifügen, Zucker beigeben und mit Essig ablöschen. Die Masse 20–30 Minuten leicht köcheln lassen und mit etwas Sherry aufgießen. Kurz vor Garende den frisch geriebenen Kren sowie die gehackten Kräuter unterrühren und mit etwas Worcestersauce abschmecken. Noch heiß in Gläser füllen und sofort verschließen.

AUBERGINEN-PAPRIKA-CHUTNEY

500 g Auberginen
500 g rote Paprika
500 g Zwiebeln
500 g säuerliche Äpfel
4 EL Öl
500 ml Apfelessig
1 EL Salz
150 g Vollzucker
4 getrocknete Pfefferoni
1 TL bunte Pfefferkörner
1 TL Senfkörner

Auberginen, Paprika und Zwiebeln in kleine Würfel schneiden. Äpfel schälen, vom Kerngehäuse befreien und in kleine Würfel schneiden. Öl erhitzen und Zwiebeln darin glasig anlaufen lassen. Mit Essig aufgießen und die restlichen Zutaten beifügen. Unter ständigem Rühren zu einem dicklichen Brei einkochen, bei Bedarf etwas Wasser zugießen. Heiß in saubere Gläser füllen und verschließen.

© Mona Lorenz

ZWIEBELCHUTNEY

1 kg Zwiebeln, 3 EL Öl
300 ml Apfelessig
je 3 rote und grüne Pfefferoni
1 gelber Paprika
100 g Braunzucker
1 TL Salz
ca. 1 Tasse Wasser
2 TL Currypulver

Zwiebeln in Würfel schneiden und im erhitzten Öl unter ständigem Rühren glasig anbraten. Mit Essig ablöschen, fein-ringelig geschnittene Pfefferoni, würfelig geschnittenen Paprika, Zucker und Salz beigeben. Mit einer Tasse Wasser aufgießen und 40–50 Minuten dicklich einkochen. Bei Bedarf weiteres Wasser nachgießen. Kurz vor Ende der Kochzeit das Currypulver unterrühren. Das fertige Chutney in vorbereitete Gläser füllen und sofort verschließen.

▸ **REZEPTTIPP**

Eine sehr elegante Variante ist ein rotes Zwiebelchutney, es werden nur rote Zwiebeln, rote Pfefferoni und roter Paprika verwendet, dazu 50 g Rosinen oder süße rote Trauben und ein feiner Rotwein- oder Himbeeressig. Das Currypulver kann man weglassen. Wer Wildfrüchte liebt, kann statt der Rosinen auch Berberitzen verwenden.

HAUSGEMACHTES TOMATENKETCHUP

3,5 kg aromatische fleischige Tomaten
500 g Zwiebeln
3 Knoblauchzehen
¼ l Rotweinessig
4 EL Blütenhonig oder 6 EL Braunzucker
1 TL Salz
4 Lorbeerblätter
1 EL edelsüßes Paprikapulver
2 Msp. geriebene Muskatnuss
2 TL getrockneter Thymian
3 EL fein gehacktes frisches Basilikum (alternativ getrocknet)
1 Bund fein gehackte Petersilie
1 EL fein gehacktes Liebstöckel
1 TL grob geschrotete Pfefferkörner
1 TL Gewürznelken
1 TL Korianderkörner

Tomaten waschen, Stielansatz herausschneiden und das Fruchtfleisch grob hacken. Zwiebeln und Knoblauch fein hacken. Tomaten, Zwiebeln und Knoblauch mit den restlichen Zutaten vermischen und in einem großen Topf zum Kochen bringen. Etwa 50 Minuten unter mehrmaligem Umrühren einkochen. Die Masse durch ein Sieb streichen oder passieren und die Rückstände gut ausdrücken. Passierte Masse nochmals in den Topf geben und kurz aufkochen lassen. Sollte sie zu dünn sein, noch etwas einkochen lassen. Heiß in vorbereitete Gläser füllen und sofort verschließen. Die Haltbarkeit beträgt ca. 1 Monat. Durch Sterilisieren bei 80 °C über 25 Minuten hält das Ketchup mindestens ein Jahr.

▸ **REZEPTTIPP**

Liebhaber von „Hot-Ketchup" können diesem Rezept durch die Zugabe von Cayennepfeffer, getrockneten Chiliflocken und Tabascosauce ganz nach persönlichem Geschmack die gewünschte Schärfe verleihen.

PIKANTES TOMATENKETCHUP

2 kg vollreife Tomaten
500 g Zwiebeln
3 säuerliche Äpfel
350–400 g Zucker
8 TL Paprikapulver
(süß und scharf gemischt)
2 EL Salz
2 TL frisch gemahlener Pfeffer
2 Msp. Neugewürz
12 Korianderkörner
10 Lorbeerblätter
750 ml Rotweinessig

Tomaten vierteln, Stielansatz herausschneiden und das Fruchtfleisch grob hacken. Zwiebeln und Äpfel kleinwürfelig schneiden. Alle Zutaten in einem weiten Topf zum Kochen bringen und 45–60 Minuten dicklich einkochen. Das Mus durch ein Sieb streichen oder passieren. Nochmals in den Topf geben und kurz aufkochen lassen. Heiß in Gläser füllen und sofort verschließen.

AROMATISCHER TOMATENSUGO

2 kg aromatische Tomaten
4 EL Olivenöl
250 g rote Zwiebeln
4 EL Balsamicoessig
6 gehackte Knoblauchzehen
4 Zweige Thymian
3 Zweige Basilikum
etwas Liebstöckel
5 Lorbeerblätter
geriebene Schale einer
unbehandelten Orange
5 Gewürznelken
Salz, frisch gemahlener Pfeffer und etwas
Zucker zum Abschmecken

Tomaten an der Oberfläche mit einem scharfen Messer kreuzweise einritzen und in kochendem Wasser kurz überbrühen. Kalt abschrecken und die Haut abziehen. Die Tomaten halbieren, Stielansätze herausschneiden und in Würfel schneiden.

Öl erhitzen und die fein gehackten Zwiebeln glasig anlaufen lassen. Mit Balsamicoessig ablöschen und die übrigen Zutaten beigeben. Ca. 15–20 Minuten bei schwacher Hitze einkochen lassen. Mit Salz, Pfeffer und Zucker nach persönlichem Geschmack würzen. Heiß in vorbereitete Gläser füllen und 20 Minuten bei 80 °C sterilisieren.

▸ REZEPTTIPP

Sie können den Sugo auch portionsweise einfrieren, so ersparen Sie sich das Sterilisieren.

RELISH VON GRÜNEN TOMATEN

1,5 kg grüne Tomaten
500 g Zwiebeln
8 Knoblauchzehen
125 ml Olivenöl
2 rote Pfefferoni
500 ml aromatischer Kräuter- oder Weinessig
3EL fein gehackte Petersilie
3 EL fein gehacktes Basilikum
2 EL fein gehackter Thymian
1 EL fein gehacktes Liebstöckel
1 EL fein gehacktes Selleriegrün
1 EL fein gehackte Borretschblätter
3–4 Lorbeerblätter
150 g Braunzucker
1 EL Salz
1 EL Neugewürzkörner

Tomaten halbieren, Stielansätze herausschneiden und das Fruchtfleisch grob hacken. Fein gehackte Zwiebeln in Öl glasig dünsten, gehackten Knoblauch, Tomaten und in Streifen geschnittene Pfefferoni ebenfalls beigeben und unter Rühren ca. 10 Minuten dünsten. Mit Essig ablöschen, gehackte Kräuter, zerriebene Lorbeerblätter, Zucker, Salz und Neugewürzkörner beigeben. Die Masse bei schwacher Hitze noch 20–30 Minuten köcheln lassen, bis die Tomaten musig sind. In saubere Gläser füllen und noch heiß verschließen.

MAIS-PAPRIKA-RELISH

8–10 Maiskolben
1 roter Paprika
1 grüner Paprika
2 große Zwiebeln
300 g Braunzucker
ca. 500 ml Apfelessig
1 TL Salz
1 TL Senfpulver
1 TL Curry

Maiskörner vorsichtig vom Kolben trennen, Paprika in kleine Würfel schneiden und Zwiebeln fein hacken. Mit den übrigen Zutaten außer dem Curry vermischen. Alles zusammen in einem Topf zum Kochen bringen und ca. 20–30 Minuten schwach köcheln lassen. Kurz vor Ende der Garzeit Curry untermischen. Das fertige Relish noch heiß in Gläser füllen und sofort verschließen.

HALTBARMACHEN DURCH ZUCKERZUSATZ

KRÄUTERSIRUPE

Hausgemachte Kräutersirupe sind absolute Trendsetter. Omas Holunderblüten-, Wipferl-, Melissen- oder Schafgarbensirup sind altbewährt und in unserer modernen Welt wieder heiß begehrt. Denn im Hinblick auf Preis und auf den natürlichen, einzigartigen Geschmack stellen sie gekauften Industriesirup jederzeit in den Schatten. Auch in der Szenegastronomie und in Haubenrestaurants wird experimentiert, kreiert und ganz spannend kombiniert. Die süße Sirup-Küche ist eröffnet für kreative Selbermacher, die auf der Suche nach dem Geschmack der Kindheit und nach neuen spannenden Durstlöscher-Ideen sind.

Das Einmaleins der Kräutersirup-Herstellung

- Geeignet sind essbare Blüten, Garten- oder Wildkräuter mit ausgeprägtem Duft und Eigenaroma und solche, die eine intensive Farbe ergeben.
- **Beispiele für duftende Kräuter und Blüten:** verschiedene Minze- und Melissearten, Holunder-, Akazien- oder Lindenblüten, Fichten- oder Tannenwipfel, Waldmeister, Schafgarbe, Wiesenlabkraut, Mädesüß, Schlüsselblume, Veilchen, Zitronenverbene, Ananas- oder Mandarinensalbei, Duftgeranien, Zitonenverbene, -thymian oder -gras, Colakraut etc.
- **Beispiele für färbende Kräuter und Blüten:** Blauer Wiesensalbeiblüten, Goldmelissenblüten, Lavendelblüten, Rosenblüten, lila Fliederblüten etc. Achtung: Mit der Zeit verlieren Sirupe leider etwas an Farbe. Zur Farbintensivierung können z. B. natürliche Farbstoffe wie Heidelbeeren, Holunderbeeren, Aroniabeeren (auch getrocknet oder tiefgekühlt) beigegeben werden. Pro Liter Sirupansatz reichen meist 3–5 Beeren, um die Farbe zu verstärken.
- Um die volle Kraft und Aromatik einzufangen, sollten Kräuter generell an sonnigen Tagen, am besten in den späten Vormittagsstunden geerntet werden.
- Wildkräuter nur an solchen Stellen sammeln, wo man sicher sein kann, dass sie nicht gespritzt worden sind. Auch neben stark befahrenen Straßen oder auf typischen „Hundestrecken" sollten eher keine Wildkräuter gesammelt werden.
- Nach dem Sammeln die Kräuter sorgfältig verlesen und unerwünschte Mitbewohner (kleine Käfer etc.) ausschütteln. Makellos saubere Kräuter müssen nicht unbedingt gewaschen werden.

- Wichtig ist es auch, die geernteten Schätze so rasch wie möglich zu verarbeiten, um die volle Kraft der Inhalts- und Aromastoffe bestmöglich zu nutzen.
- Blüten bzw. Kräuter können solo oder harmonisch kombiniert für Sirupe verwendet werden. Dabei gilt es zu beachten, dass Kräuter mit intensivem oder sehr herbem Eigengeschmack (z. B. Wermut) eher vorsichtig dosiert werden sollten, außer, man will gerade diese Note hervorheben.
- Aromaschwache Kräuter (z. B. Brennnessel, Spitzwegerich, Giersch etc.) werden am besten mit aromastarken Kräutern bzw. Blüten kombiniert.
- Wichtig: Nur aroma- und farbgebende Pflanzenteile verwenden – z. B. bei Rosen nur die Blütenblätter selbst. Denn in nicht benötigten Teilen wie Blütenansatz, Stängel usw. befinden sich oft unerwünschte Gerbstoffe, die im fertigen Sirup unangenehme Aromen erzeugen.
- **Faustregel: 1 l Wasser + 1–1,5 kg Zucker.** Das Zucker-Wasser-Verhältnis (mindestens 1:1) sollte unbedingt eingehalten werden, damit die Haltbarkeit gewährleistet ist.
- Haushaltszucker kann auch durch die entsprechende Menge Voll-, Braun-, Rohzucker oder Honig ersetzt werden. Bei der Verwendung der genannten Zuckeralternativen kann der typische Kräutergeschmack leicht verdrängt werden, da diese Zuckerarten den Sirupen meist eine leicht karamellartige Note verleihen.
- Spezialsirupe, wie z. B. Colakrautsirup, können durch die Beigabe von Gewürzen (z. B. Vanille, Zimt, Muskat, Ingwer, Sternanis, Koriander, Kardamom, Nelken etc.) noch zusätzlich aufgepeppt werden. Für eine dunklere Farbgebung wird z. B. Zuckercouleur bzw. karamellisierter Zucker beigegeben.

WICHTIG! Ungespritzt und unbehandelt

Bei der Verwendung von Blüten und Kräutern drauf achten, dass diese nicht gespritzt bzw. verschmutzt sind (z. B. Rosen: nur ungespritzte, duftende Blüten, am besten aus dem eigenen Hausgarten; Kräuter: ebenfalls am besten aus dem Garten oder in Bio-Qualität; Wildkräuter: nicht am Straßenrand sammeln). Orangen- oder Zitronenscheiben: nur unbehandelte Früchte verwenden!

- Den Sirupansatz immer wieder durchrühren, damit sich der Zucker gut auflöst. Tipp: Zucker im kochenden Wasser (Menge wie beim Rezept angegeben) auflösen, so löst er sich schneller auf.
- Blüten bzw. Kräuter, die dem Sirup eine schöne Farbe verleihen sollen, am besten in einen heißen (50–60 °C) Sirupansatz geben. So werden Farbstoffe und Aromen stärker ausgelaugt.
- Den Ansatz an einem kalten Ort zugedeckt max. 2 Tage ziehen lassen. Ist es zu warm bzw. ist die Ansatzzeit zu lange, kann es leicht zu einer Gärung kommen.
- Wichtig sind hygienisches Arbeiten und einwandfrei saubere Flaschen und Verschlüsse.
- Durch das heiße Abfüllen bzw. durch kurzzeitiges Pasteurisieren bei 80 °C wird die Lagerfähigkeit erhöht. Nachteil: Durch das Erhitzen kann es zu leichten Verlusten von empfindlichen, zarten Kräuteraromen kommen.
- Kühl und dunkel gelagert, beträgt die Haltbarkeit für Kräutersirupe ca. 1 Jahr.
- Geöffnete Sirupe im Kühlschrank lagern und rasch verbrauchen.
- Sirupe mit Wasser, Mineral- oder Sodawasser verdünnen – ca. im Verhältnis 1:6, je nach gewünschter Intensität.

- Kräutersirupe eignen sich sehr gut zum Marinieren und zum Verfeinern von Salatdressings und Saucen, zum Aromatisieren und Süßen von Fruchtsalaten, frischen Früchten, Eisspezialitäten, Bowlen und Desserts.
- Mit Sekt, Most oder Wein verdünnt, sind Kräutersirupe ein köstlicher Aperitif.
- Mit Kräutersirup verfeinerter Glühmost oder -wein sowie Früchte- oder Kräutertee sorgt bei kaltem Wetter für wohlige Wärme.

REZEPTE FÜR SIRUP

GRUNDREZEPT FÜR KRÄUTERSIRUP

1 l Wasser
1–1,5 kg Zucker
20–30 g Zitronensäure
2–3 Handvoll Kräuter bzw. Blüten nach Wahl
1–2 unbehandelte Zitrusfrüchte (Zitronen, Orangen, Limetten)

Wasser aufkochen, Zucker und Zitronensäure beigeben und verrühren, bis sich der Zucker aufgelöst hat. Diesen Ansatz überkühlen lassen. Kräuter bzw. Blüten sowie in Scheiben geschnittene Zitrusfrüchte in die kalte Zuckerlösung geben. Gut umrühren und abgedeckt an einem kalten Ort 1–2 Tage durchziehen lassen. Sirup abseihen und abfüllen. Falls gewünscht, heiß abfüllen bzw. pasteurisieren.

▸ REZEPTTIPP

Bei farbgebenden Kräutern (Rose, Lavendel, Goldmelisse etc.) bzw. schwer löslichen Aromazutaten gibt man die Blüten bzw. Kräuter am besten in die noch heiße (50–60 °C) Zucker-Wasser-Zitronensäuremischung. Denn in der Zuckerlösung laugen Farbstoffe und auch manche Aromen besser aus.

SCHAFGARBEN-MINZE-SIRUP

2 l Wasser
3 kg Zucker
3 Zitronenscheiben
5 Orangenscheiben
70 g Zitronensäure
3 Handvoll Schafgarbendolden
1 Handvoll Minzeblätter

Wasser und Zucker aufkochen lassen. Zitronen- und Orangenscheiben, Zitronensäure, Schafgarbendolden und Minzeblätter beigeben. 1–2 Tage ziehen lassen und des Öfteren umrühren. Abseihen und in saubere Flaschen füllen.

DREI-KRÄUTER-SIRUP

1 Handvoll Zitronenmelissenblätter
1 Handvoll Apfelminze
1 Handvoll Holunderblüten oder evtl. Duftgeranienblätter
2 l Wasser
2 kg Zucker
6 Zitronenscheiben
70 g Zitronensäure

Kräuter im Wasser ansetzen, Zucker gut unterrühren und die restlichen Zutaten beigeben. Einen Tag zugedeckt an einem kühlen Ort durchziehen lassen. Am nächsten Tag abseihen, in saubere Flaschen füllen und gut verschließen.

SIEBEN-KRÄUTER-SIRUP „KRÄUTERDUDLER"

3 l Wasser
3 kg Zucker
4 Handvoll Wildkräuter bzw. Blüten (Holunderblüten, Lindenblüten, Labkraut, Gundermann, Schafgarbenblüten, Giersch, Spitzwegerich)
3 unbehandelte Zitronen
80 g Zitronensäure

Wasser mit Zucker in einem großen Topf aufkochen und auskühlen lassen. Die Kräuter bzw. Blüten, die in Scheiben geschnittenen Zitronen sowie die Zitronensäure beigeben und 2 Tage zugedeckt an einem kühlen Ort ziehen lassen. Dazwischen öfters umrühren. Abseihen, in saubere Flaschen füllen und verschließen.

▸ REZEPTTIPP

Je nach Saison und persönlichen Vorlieben kann man auch andere Wildkräuter, wie z. B. Quendel, Rotklee, Waldmeister, Taubnesselblüten, Mädesüß, Brennnesseln etc., für den Kräuterdudler verwenden.

GOLDMELISSENSIRUP

2 l Wasser
3–4 Handvoll Goldmelissenblätter
2,5 kg Zucker
je 5 Zitronen- und Orangenscheiben
70 g Zitronensäure

Wasser aufkochen und über die ausgezupften Goldmelissenblätter gießen. Etwas abkühlen lassen und den Zucker einrühren. Zitronen- und Orangenscheiben sowie Zitronensäure beifügen. Zugedeckt 1–2 Tage (bis eine schöne rötliche Färbung erreicht ist) stehen lassen. Den fertigen Sirup abseihen, in vorbereitete saubere Flaschen füllen und gut verschließen.

▸ REZEPTTIPP

Nach dieser Rezeptur können auch Blüten bzw. Ernteüberschüsse von Zitronenmelisse zu Sirup verarbeitet werden.

LAVENDEL-ZITRONENVERBENEN-SIRUP

2 l Wasser
2 kg Zucker
2 Handvoll blühende Lavendelzweige (ca. 150 g)
1 Handvoll Zitronenverbenen (Stängel und Blätter)
2 unbehandelte Zitronen
60 g Zitronensäure

Wasser mit Zucker aufkochen und noch heiß über die vorbereiteten Kräuter gießen. In Scheiben geschnittene Zitronen und Zitronensäure beigeben. Nun zugedeckt an einem kühlen Ort 2 Tage ziehen lassen. Dabei öfters umrühren. Abseihen, in saubere Flaschen füllen und verschließen.

▸ REZEPTTIPPS

- **Zitronenverbene kann auch durch andere „zitronige“ Kräuter, wie Zitronenmelisse, Zitronengras (Stängel aufklopfen – Aroma!) oder Zitronengeranienblätter, ersetzt werden.**
- **Lavendelblüten färben den Sirup nur sehr schwach. Wer eine lavendelartige blasslila Färbung möchte, kann dem Ansatz einige Holunder-, Heidel- oder Aroniabeeren (auch getrocknet oder tiefgekühlt) beifügen. 3–6 Beeren reichen vollkommen aus, um eine natürliche, attraktive Farbe in den Sirup zu zaubern.**

MÄDESÜSSSIRUP „WIESENKÖNIGIN“

1 l Wasser
1 kg Braunzucker
30 g Zitronensäure
ca. 100 g Mädesüßdolden
2 unbehandelte Orangen, in Scheiben geschnitten

Wasser mit Zucker aufkochen und auskühlen lassen. Die übrigen Zutaten beigeben und zugedeckt an einem kühlen Ort ziehen lassen. Abseihen, in saubere Flaschen füllen und verschließen.

▸ REZEPTTIPP

Diesen Sirup eher sparsam verwenden, da er einen sehr intensiven bittermandelartigen Geschmack mit Honigaroma hat.

HOLUNDERBLÜTENSIRUP

3 l Wasser
4 kg Zucker
ca. 20 Holunderblüten
5 Zitronenscheiben
90 g Zitronensäure

Wasser mit Zucker aufkochen und erkalten lassen. Die Holunderblüten, die Zitronenscheiben und die Zitronensäure beigeben. 1 bis maximal 2 Tage ziehen lassen und dazwischen immer wieder umrühren, damit sich der Zucker auflöst. Dann abseihen und in vorbereitete Flaschen füllen. Verschließen und kühl und dunkel lagern.

▸ REZEPTTIPP

Mit Mostsekt oder Most aufgegossen, ist das ein herrlicher Willkommenstrunk!

AROMATISCHE WALDMEISTERSIRUP-ESSENZ

150 g Waldmeister
(möglichst vor der Blüte geerntet)
3 unbehandelte Zitronenscheiben
500 ml Wasser
500 g Zucker
Saft von einer Zitrone

Waldmeister kurz anwelken lassen – nur so entwickelt sich der Duftstoff Cumarin mit seinem unvergleichlichen Aroma nach Vanille und frischem Heu. Nun den Waldmeister mit Zitronenscheiben und Wasser zum Kochen bringen. Aufkochen lassen, vom Herd ziehen und ca. 1 Stunde ziehen lassen. Den Tee abseihen und mit Zucker und Zitronensaft 1–2 Stunden auf ganz kleiner Flamme sirupartig (zu honigähnlicher Konsistenz) einkochen lassen. Dabei immer gut umrühren. Dann noch heiß in kleine Gläser abfüllen und verschließen.

▸ REZEPTTIPP

Diese Sirupessenz ist die Aromabasis für exquisite Bowlen, Mixgetränke, Cremes und Desserts. Nach diesem Grundrezept können auch duftende Blüten und Blätter, wie z. B. Holunderblüten, Mädesüß, Gelbes Labkraut, Duftveilchen, Rosen, Schlüsselblumen etc., verarbeitet werden.

© Mona Lorenz

COLASIRUP

2 Handvoll Colakraut
2 l Wasser
2 kg Braunzucker
½ Vanilleschote
1 kleine Zimtrinde
1 kleine Macisblüte
3–4 Gewürznelken
2–3 zerdrückte Neugewürzkörner
2 Limetten oder Zitronen
1 Orange
70 g Zitronensäure

Wasser aufkochen, Zucker und Gewürze beigeben und überkühlen lassen; zwischendurch immer wieder umrühren, bis sich der Zucker gelöst hat. Limetten bzw. Zitronen und die Orange in Scheiben schneiden und diese zusammen mit Zitronensäure und Colakraut in den Ansatz geben. Gut durchrühren und zugedeckt an einem kühlen Ort 1–2 Tage durchziehen lassen. Sirup abseihen und in vorbereitete Flaschen füllen.

▸ REZEPTTIPP

Colakraut ist auch als Eberraute bekannt und verströmt einen aromatischen Coladuft. Verwendet werden idealerweise die Triebspitzen des Strauchs. Die orignale Gewürzmischung von dem uns bekannten Cola ist streng geheim – doch Vanille und Limette sind sicher dabei. Sie können die Gewürze auch weglassen oder den Sirup zusätzlich noch mit etwas Ingwer und Kardamom aufpeppen.

Lassen Sie einen Teil des Zuckers (kann auch weißer sein) karamellisieren. Dadurch erhält der Sirup eine dunklere, colaähnliche Färbung.

ROSENBLÜTENSIRUP

1 l Wasser
1 kg Zucker
1 Handvoll (ca. 100 g) frische, duftende Rosenblütenblätter
1 unbehandelte Zitrone (oder Orange)
30 g Zitronensäure
evtl. 40 ml Rosenwasser

Wasser mit Zucker aufkochen. Den Zuckersirup abkühlen lassen (auf ca. 40 °C). Rosenblüten, in Scheiben geschnittene Zitrone und Zitronensäure mit dem abgekühlten Zuckerwasser übergießen. Nun zugedeckt an einem kühlen Ort 2–3 Tage durchziehen lassen. Dann den Sirup abseihen, das Rosenwasser untermischen, in saubere Flaschen füllen und verschließen.

▸ REZEPTTIPP

Verwenden Sie nur ungespritzte, stark duftende Rosenblütenblätter (z. B. Rose de Resht, Santana). Dunkelrote oder -lila Rosen ergeben eine besonders intensive Färbung beim Sirup. Der weiße Blütenansatz der Rosenblütenblätter sollte mit einer Schere weggeschnitten werden, da er leicht bitter schmeckt.

LÖWENZAHNBLÜTENSIRUP

ca. 200 g abgezupfte Löwenzahnblüten
1 l Wasser
1 kg Zucker
Saft von 1–2 Zitronen

Blüten mit Wasser 30 Minuten kochen und abseihen. Den Zucker darin auflösen und Zitronensaft beigeben. Das Gemisch ca. 2 Stunden schwach kochen lassen, bis es honigartig eingedickt ist. Den Sirup in Gläser füllen, verschließen und kühl aufbewahren.

▸ REZEPTTIPP

Eignet sich sehr gut zum Süßen von Kräutertees.

WIESENSALBEISIRUP

2 l Wasser
2 kg Vollzucker
60 g Zitronensäure
2 unbehandelte, in Scheiben geschnittene Zitronen oder Limetten
ca. 200 g abgezupfte Wiesensalbeiblüten

Wasser mit Zucker aufkochen und abkühlen lassen (auf ca. 40 °C). Die übrigen Zutaten beigeben und zugedeckt an einem kühlen Ort 2 Tage ziehen lassen. Abseihen, in Flaschen füllen und verschließen.

▸ REZEPTTIPP

Wiesensalbeiblüten können auch sehr gut mit Rotklee-, Kamillenblüten und Zitronenmelisse kombiniert oder durch diese Blüten ersetzt werden.

Rosenblütensirup

TANNEN- ODER FICHTENWIPFERL-SIRUP

4 Handvoll hellgrüne Tannen- oder Fichtentriebe
1 l Wasser
1 kg Zucker

Die jungen, hellgrünen Spitzentriebe über Nacht mit Wasser bedeckt stehen lassen. Am nächsten Tag diese Triebe mit dem Sud aufkochen, bis sie ihre Farbe verloren haben. Vom Herd nehmen und auskühlen lassen. Zugedeckt über Nacht kühl stehen lassen, am nächsten Tag durch ein Tuch filtern und gut auspressen. Diese Flüssigkeit mit dem Zucker verrühren und 30–45 Minuten zu honigartiger Konsistenz einkochen lassen. Heiß in kleine Gläser oder weithalisige Flaschen abfüllen, verschließen und kühl und dunkel lagern.

▸ REZEPTTIPP

Löffelweise bei Husten und Heiserkeit einnehmen oder zum Süßen von Tee verwenden (schmeckt ähnlich wie Waldhonig).
Eine andere Möglichkeit der Zubereitung: Hier werden die jungen Triebe (3 Handvoll) gehackt und schichtenweise mit braunem Kandiszucker oder Rohzucker (ca. 300 g) in ein Bügelverschlussglas gegeben. Die letzte Schicht ist Kandiszucker. Verschlossen 2–3 Wochen am Fenster warm stellen. Anschließend den Sirup abseihen und in kleine Flaschen füllen.

SPITZWEGERICHSIRUP

ca. 200 g Spitzwegerichblätter
einige Wacholderbeeren
2 l Wasser
2 kg Zucker

Spitzwegerichblätter und Wacholderbeeren im Wasser 1 Stunde kochen. Anschließend einen halben Tag zugedeckt ziehen lassen. Den Saft abseihen und den Zucker darin auflösen. Dieses Gemisch 2 Stunden bis zu honigartiger Konsistenz einkochen lassen. In Gläser abfüllen, verschließen und kühl aufbewahren.

▸ REZEPTTIPP

Eignet sich hervorragend zum Süßen von Kräutertees und ist ein altes und bewährtes Hausmittel bei Husten.

KANDIEREN VON GEMÜSE UND BLÜTEN

Das Kandieren ist eine langwierige Angelegenheit, wenn auch nicht sonderlich arbeitsintensiv. Früchte in „süßer Hülle“ für spezielle Dekorationen und Konfekt haben eine lange Tradition. Eine vollkommen neue Entwicklung ist das Kandieren von Gemüse. Diese Form der Konservierung hat nur für Dekorzwecke eine Bedeutung. Durch den sehr hohen Zuckergehalt hat kandiertes Gemüse keinen ernährungsphysiologischen Stellenwert. Überraschen Sie Ihre Freunde doch einmal mit einer Rote-Rüben-Torte mit kandierten Herzen aus Roten Rüben, mit einer Karottentorte mit einer süßen Blume aus Karotten oder mit einem Kürbisgewürzkuchen mit kandierten Kürbisschmetterlingen.

Durch die kräftig leuchtenden Farben des Gemüses und die Vielfalt an Formen, die Sie ausstechen können, können Sie immer wieder für neue Überraschungen sorgen.

Das Prinzip des Kandierens

Kandiertes Gemüse wird durch den hohen Zuckergehalt (weit höher als bei Marmeladen) haltbar, dieser wird durch Einlegen in Sirup und durch teilweises Nachzuckern erreicht. Bei diesem Verfahren wird der Wassergehalt im Gemüse gegen Zucker ausgetauscht. Wasser wandert durch die Zellwände nach außen und der Zucker nach innen. Dieser Prozess geht sehr langsam vor sich, daher ist das Kandieren ein recht langwieriges Verfahren. Durch den niedrigen Wassergehalt von kandiertem Gemüse können keine Mikroorganismen überleben.

Empfehlungen für die Praxis

Vorarbeiten

- Die Qualität des Gemüses ist für ein erfolgreiches Kandieren besonders wichtig. Es darf nur erntefrisches, zartes, junges Gemüse verwendet werden.
- Geeignete Gemüsearten sind z. B. Karotten, Kohlrabi, Süßkartoffeln, Gelbe Rüben, festfleischige Kürbisarten, Rote Rüben, gelbe und grüne Zucchini.
- Geschältes, vorbereitetes Gemüse je nach Bedarf schneiden oder ausstechen, z. B. mit Ausstechern in Blumen-, Stern-, Schmetterlingsform usw., verschiedene kleine Kugeln mit dem Parisienneausstecher, gerillte Oberflächen mit dem Buntmesser.
- Vorbereitetes Gemüse (nach Arten getrennt) ganz kurz blanchieren und im kalten Wasser abfrischen. Das Gemüse muss unbedingt knackig bleiben.

Die in verschiedensten Formen ausgestochenen oder geschnittenen Gemüsestücke werden mit heißer Zuckerlösung übergossen.

Kandieren

- Gelierzucker mit Wasser dick einkochen, bis der Zucker Fäden zieht. Fadenkontrolle: Einen Tropfen Zuckerlösung zwischen Daumen und Zeigefinger nehmen – beim Auseinanderziehen muss sich ein dünner Faden bilden.
- Gut abgetropftes Gemüse – nach Arten getrennt – in passende Porzellanschüsseln geben. Mit heißer Zuckerlösung übergießen. Das Gemüse muss vollständig bedeckt sein.
- Anschließend zudecken und ziehen lassen.

- Am zweiten Tag die Früchte mit einem Lochschöpfer vorsichtig aus der Zuckerlösung heben. Auf einem Gitter kurz abtropfen lassen.
- Zuckerlösung erneut bis zur Fadenprobe einkochen und bei Bedarf etwas Zucker und Flüssigkeit nachgeben. Die heiße Lösung wieder über die Früchte gießen und abdecken.
- Dieser Vorgang wird nun alle zwei Tage insgesamt fünfmal wiederholt.
- Beim letzten Mal die Zuckerlösung dicker einkochen und die Früchte darin vier Tage ziehen lassen.
- Anschließend das Gemüse vorsichtig aus der Lösung heben, auf den Küchenrost geben, den man am besten auf ein Backblech stellt.
- Bei 50 °C im Backofen bei offener Tür (Kochlöffel einklemmen) 3–4 Stunden trocknen.

TIPP! Faustregel

Für die Herstellung des Zuckersirups benötigt man: **1 kg Gemüse + 1 kg Gelierzucker + 500 ml Wasser**

Aufbewahren

- Nach Gemüsearten getrennt in Gläsern, Dosen oder mit Folie ausgelegten Schachteln aufbewahren. Zwischen die Lagen ebenfalls Folie legen.
- Lagerbedingungen: In einem trockenen Raum bei 15–20 °C lagern, so ist kandiertes Gemüse einige Monate haltbar.

REZEPTE FÜR KANDIERTES

KANDIERTE ENGELWURZ

ca. 200 g zarte, dünne Stängel Engelwurz (Angelika)
ca. 200 g Zucker

Die zarten, dünnen Stängel von der Engelwurz in ca. 7 cm Länge abschneiden. In kochendem Wasser weich garen. Gründlich abtropfen lassen, falls notwendig, die harte Außenhaut abziehen. Die Stängel abwiegen, mit der gleichen Menge Zucker durchmischen und ca. 1–2 Tage stehen lassen, bis der Zucker aufgelöst ist. In einen Topf geben und langsam erhitzen, bis die Flüssigkeit verdampft ist. Auf einen Kuchenrost legen und an einem warmen Ort 1–2 Tage trocknen lassen. Bis zur weiteren Verwendung auf Backpapier legen und luftdicht und verschlossen in einem Glas oder einer Dose aufbewahren.

▸ REZEPTTIPP

Wunderbar zum Dekorieren von Torten, Kuchen oder Parfaits.

© Mona Lorenz

KANDIERTE BLÜTENTRÄUME

frische essbare Blüten oder Blütenblätter (z. B. Duftveilchen, Rosenblütenblätter, Gänseblümchenblüten, Apfelblüten, Ackerstiefmütterchen, Schlüsselblumenblüten etc.)
1 Eiklar
Backzucker oder Feinkristallzucker

Das Eiklar leicht verschlagen. Die sauberen Blüten mit einem Pinsel gleichmäßig und fein damit einpinseln. Nun die Blüten gleichmäßig mit Zucker bestreuen. Auf ein mit Backpapier ausgelegtes Blech auflegen. Die Blüten im Backofen bei 50 °C 1,5–2 Stunden trocknen. Die Backofentür soll leicht geöffnet sein, damit die feuchte Luft entweichen kann. Dazu einfach einen Kochlöffel in die Ofentür einklemmen. Die fertigen Blüten zwischen Butterbrotpapier geschichtet in Keksdosen aufbewahren.

▸ REZEPTTIPP

Dieses köstliche Blütenkonfekt ist ein außergewöhnliches Naschwerk und ein Deko-Highlight für besondere Desserts.

HINWEIS! Vorsicht

Blüten sind sehr empfindlich, deshalb immer möglichst frisch verarbeiten, um Farb- und Formverluste zu vermeiden. Achten Sie auch darauf, dass sich keine Insekten in den Blüten befinden!

DUFTZUCKER AUS BLÜTEN UND KRÄUTERN

Aus essbaren, duftenden Blüten und Kräutern lassen sich ganz einfach herrliche Duftzuckervariationen bereiten. Duftzucker eignet sich zum Aromatisieren, Parfümieren und Verfeinern von Desserts, Tees oder zum Bestreuen von feinen Backwerken (z. B. Keksen, Kuchen etc.). Der Zucker stabilisiert die Farbe, die Düfte und Aromen der Blüten und Kräuter auf natürliche Weise. Duftzucker sind ein kulinarisches Feuerwerk an Farben und Düften für alle Sinne und ein außergewöhnliches Mitbringsel für Genießer.

Geeignete Blüten und Kräuter

- Sammeln Sie nur essbare Blüten und Kräuter, die Sie genau kennen.
- Geeignet sind Blüten bzw. Blütenblätter von Rosen (stark duftend und ungespritzt), Lavendel, Duftveilchen, Kornblumen, Malven, Sonnenblumen, Rotklee, Holunder, Wiesensalbei, Schlüsselblumen, Duftgeranien , Kapuzinerkresse etc.
- Geeignete Duftkräuter sind Zitronenverbene, Zitronenmelisse, Minzearten (z. B. Pfeffer-, Apfel-, Erdbeer-, Orangenminze etc.), Duftsalbeiarten (z. B. Ananas- oder Mandarinensalbei), Blätter der Duftgeranie (z. B. Rosen- oder Zitronengeranie), Waldmeister usw.

Welcher Zucker und wie viel?

- Ideal sind Kristall- oder Vollzucker, weil diese eher geschmacksneutral sind und somit Aroma und Duft der Blüten bzw. Kräuter am besten zur Geltung kommen. Braunzucker, Rohzucker etc. haben eine leichte Karamellnote und übertönen oft die Kräuterdüfte. Vertrauen Sie auf Ihre eigenen Geschmacksvorlieben und -sinne und experimentieren Sie einfach.
- Die Zucker- bzw. Blütenmengen der angegebenen Grundrezepte können selbstverständlich nach persönlichem Geschmack leicht abgeändert werden.

Geschmacksverfeinernde Zutaten

- Die Aromatik von Duftzucker kann durch die Beigabe von Gewürzen, wie z. B. Vanillemark, Zesten bzw. geriebenen Schalen von unbehandelten Zitrusfrüchten (Orangen, Zitronen, Limetten), verfeinert bzw. verstärkt werden. Intensivieren kann man den Duft auch sehr gut mit 1–2 Tropfen 100%ig ätherischer Öle, wie z. B. Rosenöl, Vanilleöl, Minzeöl etc. Wichtig ist, dass die Öle mit dem Grundprodukt harmonieren.

Aufbewahrung

- Ideal sind kleine Schraubverschlussgläser, aber auch gut verschließbare Glasphiolen sind eine schöne Verpackung. Für die Optik können auch einige getrocknete, gröbere Blüten bzw. Kräuter beigegeben werden. Wichtig ist, dass der Duftzucker wirklich trocken ist!

TIPP! Haltbarkeit

Blütenzucker verlieren bei zu langer Lagerung leider an Farbintensität und Aroma. Darum gilt auch hier der Grundsatz der Vorratsküche: Nur so viel herstellen und lagern, wie man bis zur nächsten Ernte verbraucht.

Möglichkeiten der Duftzuckerherstellung

Duftzucker können auf zwei verschiedene Arten hergestellt werden. Bei der „Nassmethode“ werden das Aroma und die Farbe besonders intensiv.

Methode I – „Nassmethode" mit frischen Kräutern bzw. Blüten

GRUNDREZEPT

250 g Zucker (grober Kristallzucker)
eine Handvoll frische Blüten (bzw. abgezupfte Blütenblätter) oder Kräuter

Zucker mit Blüten (bzw. abgezupften Blütenblättern) oder Kräutern in einem Mörser zerkleinern. Durch das Mörsern „verschmelzen" die Blüten regelrecht mit dem Zucker. Am besten in kleinen Mengen mörsern und zum Schluss alles vermischen.

Bei dieser Methode muss der Blütenzucker noch getrocknet werden. Am besten den noch feuchten Duftzucker auf ein mit Backpapier ausgelegtes Blech gleichmäßig verteilen. An einem warmen Ort oder im Backofen bei max. 50 °C (Umluft und eingeklemmter Kochlöffel, damit die feuchte Luft entweichen kann) trocknen.

Den trockenen Zucker nun nochmals zerkleinern – meist reicht ein leichtes Vermahlen mit den Handflächen oder mit dem Mörser. Den Feinheitsgrad des Duftzuckers können Sie ganz individuell selbst bestimmen – etwas gröberer Duftzucker wirkt optisch meist attraktiver.

▸ REZEPTTIPP

Diese Methode eignet sich besonders für Blüten und weichblättrige Duftkräuter. Bei Kräutern mit einer festeren Blatt- bzw. Blütenstruktur (z. B. Zitronenverbene, Pfefferminze, Duftgeranienblätter) hat sich auch das Zerkleinern in einem elektrischen Blitzhacker bewährt. Einfach Zucker und Kräuter in den Behälter füllen und vermahlen. Wichtig ist ein scharfes Schneidewerk!

TIPPS! Duftzucker-Rezeptideen

- Waldmeisterzucker mit Vanille (evtl. mit Braunzucker – hier würde eine leichte Karamellnote gut passen)
- Duftveilchenzucker mit Limette
- Mädesüß-Rotklee-Blütenzucker
- Pfefferminzzucker (mit Pfefferminzöl verfeinert)
- Zitronenverbenezucker mit etwas geriebener Zitronenschale
- Erdbeerminzezucker mit fein vermahlenen gefriergetrockneten Erdbeeren

WICHTIG! Blüten bzw. Blütenblätter

Kleine Blüten (z. B. von Kräutern, Holunder, Waldmeister, Veilchen etc.) werden abgezupft und „im Ganzen" verwendet. Bei größeren Blüten (z. B. Rosen, Duftgeranien, Ringelblumen, Löwenzahn etc.) werden nur die farbigen Blütenblätter (in der Biologie als „Kronblätter" bezeichnet) verwendet, man zupft diese vom Blütenboden ab. Bei Rosen muss man die unteren, weißen, bitteren Teile der Blütenblätter (Kronblätter) entfernen.

Methode II – „Trockenmethode" mit getrockneten Kräutern bzw. Blüten

GRUNDREZEPT

250 g Zucker (grober Kristallzucker)
100 g getrocknete Blüten (bzw. abgezupfte Blütenblätter) oder Kräuter

Den Zucker mit getrockneten Blüten (bzw. abgezupften Blütenblättern) oder Kräutern vermischen und in einem Mörser fein zerstoßen. Einfach geht es auch mit einer Kaffeemühle (gut gereinigt!) oder mit dem elektrischen Blitzhacker.

Rosenzucker

REZEPTE FÜR DUFTZUCKER

MALVEN-ZITRONEN-DUFTZUCKER

250 g Kristallzucker
1 Handvoll frische abgezupfte Malvenblüten
geriebene Schale einer unbehandelten Zitrone

Alle Zutaten vermischen und wie bei der „Nassmethode“ (siehe S. 89) mörsern bzw. im Blitzhacker zerkleinern. Nun trocknen, anschließend nochmals leicht vermahlen und in kleine Gläser füllen. Kann auch nach der „Trockenmethode“ (siehe S. 89) hergestellt werden.

▸ REZEPTTIPP

Ideal sind die dunkellila Blüten der Algiermalve – für eine besonders schöne Färbung.

RINGELBLUMEN-ORANGEN-DUFTZUCKER

250 g Kristallzucker
1 Handvoll frische abgezupfte Ringelblumenblüten
geriebene Schale von 2 unbehandelten Orangen

Alle Zutaten vermischen und fein mörsern bzw. im Blitzhacker zerkleinern. Die Duftzuckermischung wie bei der „Nassmethode“ auf S. 89 beschrieben trocknen und in kleine Gläser abfüllen. Bei dieser Zuckermischung kann auch die „Trockenmethode“ (siehe S. 89) angewandt werden.

▸ REZEPTTIPPS

- **Verfeinert Topfencremen und eignet sich zum Bestreuen von Biskuitrouladen oder Lebkuchen mit Glasur.**
- **Mit 1–2 Tropfen echtem Orangenöl können Sie das Aroma intensivieren.**

ROSENZUCKER MIT ECHTER VANILLE

250 g Kristallzucker
1 Vanilleschote
1 Handvoll frisch abgezupfte duftende Rosenblütenblätter

Zucker mit Rosenblütenblättern und mit dem ausgeschabten Mark der Vanilleschote fein mörsern (siehe „Nassmethode“, S. 89). Den Zucker trocknen. Vor dem Abfüllen kann er zusätzlich noch mit 1–2 Tropfen echtem Rosen- oder Vanilleöl aromatisiert werden. Dieser Zucker kann natürlich auch nach der „Trockenmethode“ (siehe S. 89) hergestellt werden.

▸ REZEPTTIPPS

- **Verwenden Sie stark duftende unbehandelte Rosenblütenblätter. Schneiden Sie bei den Rosenblütenblättern den weißen Blattansatz weg, da dieser leicht bitter ist.**
- **Herrlich zum Verfeinern von Cremen, zum Bestreuen von Schokomousse, frischen Erdbeeren oder von Mandelkeksen.**

© Mona Lorenz

HALTBARMACHEN MIT HONIG

AROMATISIERTE HONIGE MIT KRÄUTERN UND GEMÜSE

Das Naturprodukt Honig laugt die Inhaltsstoffe und Aromen von Kräutern, Duftblüten oder Gemüse perfekt aus. Gleichzeitig konserviert Honig auf natürliche Art. Aromatisierte Honige sind herrliche Würzmittel für Gegrilltes, Marinade usw. Die Zubereitung ist einfach und das kulinarische Endprodukt ein echter Gaumenkitzler. Geschmacksbeigaben sollten sehr trocken (Kräuter mit geringem Wassergehalt, wie z. B. Rosmarin, Thymian etc.) sein, da es bei der Zugabe von frischen oder feuchten Zutaten leicht zu Gärungen kommen kann. Am sichersten ist die Verwendung von getrockneten Zutaten. Wichtig ist auch, dass die Geschmacksbeigaben (Kräuter, Gewürze usw.) immer mit Honig gut bedeckt sind (Vermeidung von Gärung und Schimmelbildung). Trocken, kühl und dunkel gelagert, hält sich aromatisierter Honig mindestens 3 Monate.

REZEPTE FÜR AROMATISIERTE HONIGE

QUENDEL-MAIWIPFERL-WALDHONIG

200 g Waldhonig
1–2 EL Maiwipferln von Tanne oder Fichte
3–4 Zweige Quendel (wilder Thymian)
evtl. 5 Wacholderbeeren (grob zerstoßen)

Den Waldhonig mit Maiwipferln, Quendelzweigen und Wacholder gut vermischen. In einem Schraubverschlussglas mindestens 2 Wochen reifen lassen. Wichtig ist, dass die Wipferln und der Quendel nicht mehr feucht sind. Am besten vor dem Vermischen mit Honig an einem warmen Ort etwas vortrocknen (3–4 Stunden).

▸ REZEPTTIPP

Dieser Honig ist ein herrliches Würzmittel für Wildgerichte, z. B. zum Verfeinern von Wildsuppen oder -saucen, zum Bestreichen von Wildbraten oder kurzgebratenen Steaks.

▸ SERVIERVORSCHLAG

Schmeckt auch sehr aromatisch in Tees und ist ein tolles Hausmittel bei Husten und Erkältung.

KRÄUTER-KNOBLAUCH-HONIG

200 g Blütenhonig
2–3 EL getrocknete Kräuter (z. B. Rosmarin, Thymian, Basilikum, Oregano etc.)
1 getrocknetes Lorbeerblatt
1 EL getrocknete, fein gehackte Knoblauchstücke
getrocknete, geriebene Schale einer unbehandelten Zitrone

Den Honig mit allen Zutaten vermischen. In ein sauberes Schraubverschlussglas füllen und mindestens 2 Wochen ziehen lassen.

▸ REZEPTTIPP

Ein tolles Würz- und Verfeinerungsmittel für Gerichte mit italienischer Note, für gegrillte Schweinekotelettes oder für würzige Salatmarinaden.

ROSMARIN-THYMIAN-ORANGEN-HONIG

200 g Blütenhonig (z. B. Rapshonig, Akazienhonig)
2 kleine Zweige Rosmarin (à ca. 3 cm)
1–2 Zweige Thymian
getrocknete, geriebene Schale einer unbehandelten Orange

Alle Zutaten gut mit dem Honig vermischen. In ein sauberes Glas füllen und mindestens 2 Wochen reifen lassen.

▸ REZEPTTIPPS

- Orangen- oder Zitronenthymian gibt eine besonders feine Note.
- Die Kräuter dürfen nicht mehr feucht sein; am besten 3–4 Stunden an einem warmen Ort vortrocknen.
- Fisch oder Steaks vor dem Grillen, Gansl- oder Entenbraten kurz vor Ende der Garzeit mit diesem Honig bestreichen.

CHILI-INGWER-HONIG MIT LIMETTE

200 g Cremehonig
2 TL getrockneter Ingwer (Pulver oder feine Stücke)
1 EL getrocknete Chiliflocken
getrocknete, geriebene Schale einer unbehandelten Limette (oder Zitrone)

Alle Zutaten mit dem Honig gut vermischen und in ein sauberes Schraubverschlussglas füllen. Vor dem Verzehr mindestens 2 Wochen ziehen lassen.

▸ REZEPTTIPP

Ideal zum Verfeinern von asiatischen Gerichten (Wok, süß-saure Sauce etc.). Gibt auch Rinder- oder Schweinefilets (vor dem Grillen leicht damit bestreichen) eine extravagante Note.

© Mona Lorenz

TIPP! Variante Chili in Honig

Die im Ganzen sanft getrockneten Chilis klein schneiden, mit dem Honig und den Gewürzen mischen und in kleine Gläser füllen. Die Schärfe von mild bis extrascharf kann individuell gesteuert werden. Die große Farbenvielfalt von Chilis ergibt eine bunte Vielfalt; die Gläser können z. B. auch mit verschiedenfärbigen Chilis befüllt werden.

OXYMEL: HONIG, ESSIG & KRÄUTER

Der Begriff „Oxymel" hört sich ziemlich exotisch an. Aber die Inhaltsstoffe wie Essig (oxy = sauer) und Honig (mel = Honig) in Kombination mit Kräutern oder Früchten sind echte Regionauten. Im Verbund ergeben diese Zutaten ein unschlagbares Team namens Oxymel.

Oxymel hat eine lange Traditon vorzuweisen und ist keine neue Erfindung. Denn schon seit der Antike gibt es Aufzeichnungen über die Zubereitung und Verwendung von Sauerhonig. Schon seit Jahrtausenden wird in vielen Ländern die wohltuende und wohlschmeckende Kombination von Honig, Essig, Kräutern und Früchten genutzt. Marco Polo hat z. B. Fleisch luftdicht verschlossen mit Honig und Essig konserviert. In England, Irland und den USA ist Oxymel ein beliebtes Stärkungs- und Heilmittel in der Volksheilkunde. Und in China gilt der Sauerhonig als offizielles Heilmittel. In einer abgelegenen Region Russlands, wo es besonders viele Hundertjährige gibt, ist Oxymel mit Brunnenwasser verdünnt das erste Getränk in der Früh.

Mit der Rückbesinnung auf alte Traditionen und Schätze tritt der Sauerhonig auch in unseren Breiten wieder seinen Siegeszug an. So mancher kennt den Honig-Essig in abgewandelter Form, wenn es früher beim Heuen z. B. Honig-Essig-Wasser gab.

HINWEIS! Wohschmeckend, wohltuend

Schon seit Vorzeiten wird die Mischung aus Honig und Essig in vielen Ländern als Stärkungs- und Heilmittel angesehen.

Das Prinzip von Oxymel

Essig und Honig sind die Basis für die Mazeration (Ausziehen, Auslaugen) von Wirkstoffen aus Beigaben wie Kräutern, Wurzeln, Früchten, Blüten oder Gewürzen. Die Naturprodukte Essig und Honig „saugen“ durch ihre hohe Extraktionskraft die Aromen und wertvollen Inhaltsstoffe der beigegebenen Zutaten perfekt aus und konservieren diese. Wildkräuter, Gartenkräuter, Wurzeln, aber auch Früchte wie Marillen, Kirschen, Beeren oder Wildfrüchte ergeben in Kombination mit Essig und Honig eine grandiose Symbiose, die Leib und Seele gut tut.

Empfehlungen für die Praxis: Wunderbar wandelbar!

- Welcher Honig verwendet wird, ist Geschmackssache. Für milde Oxymel-Varianten empfehlen sich Blütenhonige. Waldhonig wird gerne für kräftige Oxymel-Kombinationen bzw. für Sauerhonig verwendet, der für Heilzwecke (z. B. Hustenkräuter) angesetzt wird.
- Beim Essig sollten naturbelassene Obstessige (Apfel, Birne, Quitte etc.) aus der Region verwendet werden.
- Als Beigaben eignen sich Wildkräuter (Brennnessel, Giersch, Gundermann, Gänseblümchen, Schlüsselblumen, Bärlauch, Krenblätter, Mädesüß, Honiglaubkraut u. v. m.) oder Gartenkräuter (Thymian, Oregano, Salbei, Minze, Kapuzinerkresse usw.).
- Oxymel ist auch eine wunderbare Methode, um die Kraft von Blütenknospen (z. B. Apfel- oder Rosenblütenknosten usw.) einzufangen. Man braucht nur geringe Mengen, daher werden auch die Pflanzen nicht geschwächt. Die Knospen werden vorher angedrückt.
- Tolle Aromen bringen auch Gartenfrüchte (Kirschen, Erdbeeren, Himbeeren, Ribiseln, Zwetschken) oder Wildobst (Hagebutten, Vogelbeeren, Sanddorn, Schlehen, Weißdorn).
- Gemüsebeigaben wie Knoblauch, Rettich oder Kren bringen Schwung in den Sauerhonig und ins Immunsystem.
- Auch Gewürze wie Fenchel, Anis, Wacholderbeeren, Ingwer, Zimtstangen oder Gewürznelken etc. können beigegeben werden.
- Die Zutaten können als Solisten oder im harmonischen Verbund mit Honig und Essig verarbeitet werden. Erlaubt ist, was schmeckt. Beachten sollte man lediglich, dass die Beigaben je nach weiterer Verwendung (für bestimmte Heilwirkung oder Geschmacksgebung) abgestimmt kombiniert werden.

Ganz einfach selbst gemacht

3 Teile Honig + 1 Teil Essig + Beigaben

Der Honig- bzw. Essiganteil kann je nach persönlichen Vorlieben leicht erhöht bzw. verringert werden. D. h., der Anteil muss nicht grammgenau abgemessen werden. Was die Beigaben betrifft, rechnet man bei Kräutern ¼ bis ⅓ des Volumens vom verwendeten Ansetzglas, bei Knospen rechnet man 1–2 EL auf ein Glas mit einem Volumen von 250 ml.

Variante 1

- Honig mit Essig gut vermischen.
- Gewünschte Kräuter, Wurzeln oder Früchte grob schneiden bzw. Beeren oder Knospen leicht andrücken und in ein Schraubverschlussglas füllen. ACHTUNG: Gewaschene Kräuter, Obst oder Wurzeln vor der Beigabe gut abtrocknen, denn bei zu feuchten Zutaten kann es leicht zu Schimmelbildung kommen.

© Tobias Schneider-Lenz

- Mit der Honig-Essig-Mischung übergießen. Achtung: alle Beigaben müssen gut bedeckt sein, da sonst ebenfalls die Gefahr der Schimmelbildung besteht; eventuell mit einem ausgeschnittenen Kreis aus Backpapier (Durchmesser des Glases) abdecken, damit die Kräuter nicht an die Oberfläche steigen. Auch ein „Auf-den-Kopf-stellen“ bzw. mehrmaliges Umdrehen hilft.
- Eventuell vorhandene Luftbläschen mit einem Holzstäbchen herausrühren.
- 3–4 Wochen bei Zimmertemperatur ziehen lassen.
- Abfiltern, in kleine Flaschen füllen und kühl und dunkel lagern.

TIPP! Haltbarkeit von Oxymel

Haltbarkeit: mindestens 1 Jahr.

Variante 2

- Zerkleinerte Beigaben (Kräuter, Wurzeln, Gemüse, Knospen etc.) in ein Schraubverschlussglas oder in eine weithalsige Flasche füllen.
- Mit Essig auffüllen und 3–4 Wochen ziehen lassen – anschließend abseihen.
- Das Essig-Mazerat mit Honig vermischen und in verschließbare Gläser bzw. Flaschen füllen. Kühl und dunkel lagern.

Variante 3

- Essig mit Zutaten nach Wahl bei schwacher Hitze ca. 1 Stunde ganz sanft köcheln lassen.
- Abkühlen lassen und die Beigaben abseihen.
- Mit Honig gut vermischen und in kleine Flaschen abfüllen, kühl und dunkel lagern.

TIPP! Schnelle Variante

Bei dieser Variante hat man zwar den Vorteil, dass man schnell Oxymel fertig hat. Allerdings ist zu bedenken, dass durch das Erhitzen Aromen und einige Inhaltsstoffe der Zutaten auf der Strecke bleiben.

Ideen für Oxymel-Beigaben

- Himbeeren mit Zitronenverbene oder -melisse (für Marinaden oder zum Verfeinern von Getränken)
- Quendel, Dost, Spitzwegerich, Vogelmiere, Krenblätter oder -wurzel, Sanddorn, Hollerbeeren, Hagebutten (wohltuend bei Erkältungen)
- Schlüsselblumen, Gänseblümchen, Fichtenwipferln, Brennnesseln, Spitzwegerich, Gundermann, Giersch (z. B. unterstützend bei einer Frühjahrskur)
- Früchte (Kirschen, Ribiseln, Erdbeeren etc.) und Duftkräuter (Minzen, Melisse, Rosenblütenblätter, Holunderblüten, Lavendel etc.) (zum Verfeinern von Salaten und Drinks)
- Preiselbeeren, Thymian, Rosmarin, Salbei (zum Verfeinern von Wild, Lamm oder Rind)

Empfehlungen für die Verwendung von Oxymel

- Pur: löffel- oder stamperlweise als Elixier und Stärkungsmittel
- Getränke: Mit Wasser oder Mineralwasser verdünnt (Sportlergetränk) oder mit Eiswürfeln, Minze und Zitronenscheibe (erfrischender Wellness-Drink)
- In der Küche: als Würzmittel oder Marinade für Salate, Saucen oder Grillfleisch
- Fürs Wohlbefinden: in warmem Wasser auflösen und schluckweise trinken bzw. gurgeln (je nach Beigaben zur Immunstärkung, Rekonvaleszenz, bei Erkältungen etc.)

HALTBARMACHEN DURCH ESSIG BZW. DURCH EINE ESSIG-ZUCKER-LÖSUNG

EINLEGEN IN ESSIG

Einlegen in Essig ist eine schon jahrtausendealte Konservierungsmethode, bei der selten Probleme auftreten. Der despotische römische Kaiser Caracalla, der von 211–217 nach Chr. seine Untertanen in Angst und Schrecken versetzte, schickte jedoch seinen Koch Permidus lebenslang auf die Galeeren, weil die vom Kaiser so geschätzten Honigbirnen in Weinessig verdorben waren.

Einlegen in Essig ist heute wieder ganz aktuell. Es stellt eine einfache, praktische und arbeitsextensive Konservierungsart dar. Mit Kreativität und individuellen Gemüse- und Kräutermischungen können Sie Hausspezialitäten in bester Tradition herstellen.

Das Prinzip des Einlegens in Essig

Essiggemüse wird durch die Essigsäure haltbar gemacht. Durch den Säuregehalt von mindestens 5–6 % wird das Wachstum von Gär- und Schimmelpilzen ebenso verhindert wie das Entstehen von Fäulnisbakterien. Für länger haltbare Produkte wird das Einlegen in Essig kombiniert mit Zucker empfohlen. Auch durch Sterilisieren oder durch das zweimalige Übergießen mit kochend heißem Sud verlängert sich die Haltbarkeit.

Vorteile des Einlegens in Essig

- Einfach, praktisch und mit wenig Arbeit verbunden.
- Durch das Kombinieren und Würzen erhält man Spezialitäten, die es in dieser Art nicht zu kaufen gibt.
- Essigkonserven weisen einen relativ geringen Energiewert auf.

HINWEIS! Gemüse auch im Winter

Eine herrliche Beilage für Jause und Buffets in der gemüseärmeren Zeit!

Nachteil des Einlegens in Essig

- Es gehen wichtige Inhaltsstoffe, wie Vitamine und Mineralstoffe, durch die Säure und durch das evtl. anschließende Sterilisieren verloren.

Empfehlungen für die Praxis

Vorarbeiten

- Gläser entsprechend vorbereiten: gründlich reinigen und auf einem sauberen Tuch umgedreht trocknen lassen.
- Am besten eignen sich Gläser mit Schraub- oder Bügelverschluss in verschiedenen Größen.

- Ungeeignet sind Töpfe mit Bleiglasur oder Gefäße und Arbeitsgeräte aus Kupfer, Messing, Aluminium oder nicht säurebeständigem Kunststoff.
- Sauberkeit ist oberstes Gebot, d. h., Gemüse sorgfältig waschen, evtl. bürsten und abtropfen lassen, putzen (falls nötig: schälen).
- Gurken über Nacht mit Salz bestreut stehen lassen.
- Karotten, Gelbe Rüben, Fisolen vorkochen.
- Rote Rüben gar kochen.
- Paprika, Sellerie, Karfiol, Fenchel, Pilze, Zwiebeln, Kürbis blanchieren.
- In Essig eingelegtes Gemüse wird noch dekorativer, wenn Sie verschiedene Schneidetechniken oder z. B. ein Buntmesser verwenden.
- Für den Sud zum Aufgießen Essig, Wasser und Gewürze kurz aufkochen lassen. Die Essigkonzentration muss mindestens 2 % betragen.
- Sud vor dem Abfüllen immer kosten und auf persönliche Geschmacksvorlieben abstimmen.
- Branntweinessig wegen des starken Essiggeschmacks eher nicht verwenden, das Eingemachte wird sonst sehr scharf und essigsauer.
- Zum Aromatisieren werden Knoblauch, Zwiebeln, Pfefferoni oder Kräuter, wie Dill, Thymian, Estragon und Lorbeerblätter, verwendet.
- Beliebte Einmachgewürze sind Senf-, Koriander- und Pfefferkörner, Wacholderbeeren, Lorbeerblätter und Gewürznelken.
- Am besten ganze Gewürze verwenden, da gemahlene die Einmachflüssigkeit trüben würden.
- Mischungen aus Kräutern und Gewürzen sind ebenso beliebt wie eine einzige gut gewählte, aromatische Geschmackszutat (z. B. Dill).
- Es gibt auch schon sehr gute fertige Einmachgewürzmischungen für den kleinen Haushalt, die, mit frischen Kräutern ergänzt, sehr gute Ergebnisse bringen.

TIPP! Faustregel

Für die Herstellung der Aufgussflüssigkeit für **1 kg geputztes Gemüse** gilt: **500 ml Gärungsessig** mit mindestens 5 % Säure (Wein- oder Obstessig) mit **250–500 ml Wasser** verdünnen und die entsprechenden Gewürze hinzufügen.

Einfüllen

- Das Gemüse nach Formen oder Farben schichtweise oder bunt gemischt einfüllen.
- Längliches Gemüse wie Spargel oder in längliche Stifte geschnittenes Gemüse „stehend“ einschichten.
- Den kochend heißen Sud in die Gläser gießen, abkühlen lassen. Evtl. nach 1–2 Tagen den Sud nochmals abseihen, erhitzen und wieder über das Eingelegte gießen. Dies verlängert die Haltbarkeit, unerwünschte Bakterien werden abgetötet.
- Das Essiggemüse muss 1–2 fingerbreit mit Sud bedeckt sein.
- Schraubverschlussgläser sofort verschließen. Bei Verwendung von Zellophanpapier die Gläser abkühlen lassen und erst dann verschließen.
- Damit sich Geschmack und Aroma bilden, braucht das Eingelegte mindestens 3–4 Wochen, ehe es genussfertig ist.

Lagerung

- Öfters kontrollieren, ob genügend Sud vorhanden ist, damit die Haltbarkeit gegeben ist. Bei Bedarf Sud nachgießen bzw. das eingelegte Gemüse rasch verbrauchen.
- Alle Gefäße kühl, dunkel, trocken und beschriftet aufbewahren.

WICHTIG! Haltbarkeitsdauer

Je nach Essigkonzentration beträgt die Haltbarkeit 3–12 Monate. Durch Sterilisieren wird die Haltbarkeit auf 12 Monate erhöht. Bei der Verwendung von fertigem Einlegeessig ist auch eine sehr gute Haltbarkeit gegeben.

- Beim Entnehmen des Einmachgutes immer eine saubere Gabel oder Zange verwenden. Besonders bei großen Steinguttöpfen ist die Gefahr des Verderbens sonst groß. Angebrochene Gläser sollten in den Kühlschrank gestellt und rasch aufgebraucht werden.
- Übrig gebliebene Einlegeflüssigkeit lässt sich auch gut für Saucen, Salate etc. weiterverwenden.

REZEPTE FÜR IN ESSIG EINGELEGTES GEMÜSE

EINGELEGTER WEISSER SPARGEL

2 kg weißer Spargel
einige Zweige frischer Dill und Estragon
3 Lorbeerblätter
2 EL Senfkörner
300 ml weißer Balsamicoessig
Saft einer Zitrone
1 EL Salz
3 EL Zucker

Spargel schälen und die unteren Enden abschneiden. Darauf achten, dass alle Spargelstangen gleich lang sind und in das Glas passen. Die Spargelabschnitte in reichlich Salzwasser zustellen und aufkochen lassen. Den Spargel einlegen und je nach Größe 2–4 Minuten kochen (soll noch Biss haben). Mit kaltem Wasser abschrecken, abtropfen lassen und mit den Kräutern und den Senfkörnern in die Gläser schichten. Für die Aufgussflüssigkeit ca. einen halben Liter vom Spargelsud mit Balsamicoessig, Zitronensaft, Salz und Zucker aufkochen und kochend heiß über den Spargel in den Gläsern gießen – Spargelstangen müssen gut bedeckt sein. Sofort verschließen und kühl und dunkel lagern. Für eine längere Haltbarkeit kann der Spargel sterilisiert werden.

EINGELEGTE BUNTE PFEFFERONI

600 g frische bunte Pfefferoni
200 g Zwiebeln
750 ml Weißweinessig
250 ml Wasser
5 EL Zucker
2 EL Salz
2 Zweige Bohnenkraut
1–2 Lorbeerblätter
1 EL Senfkörner
1 EL bunte Pfefferkörner

Pfefferoni waschen, entstielen und mehrmals mit einer Nadel oder einem Zahnstocher einstechen, damit die Flüssigkeit eindringen kann. Essig mit Wasser, den Zwiebelspalten, Kräutern und Gewürzen 10 Minuten kochen lassen. Die Pfefferoni dekorativ in ein Glas schichten, mit heißem Sud übergießen und verschließen. Nach 4 Wochen bei kühler und dunkler Lagerung sind die Pfefferoni genussfertig.

BUNTER ZUCCHINISALAT

1 kg kleine gelbe und grüne Zucchini
3 große Zwiebeln
2 rote Paprika
1 kleine Gurke
500 ml Weißweinessig
250 ml Wasser
1,5 TL Salz
3 EL Zucker
4 Knoblauchzehen
je 1 TL Senf-, Pfeffer- und Neugewürzkörner
4 Lorbeerblätter
2 EL gehackter, frischer Dill
1 EL Currypulver

Zucchini waschen und in dünne Scheiben schneiden oder hobeln. Zwiebeln in feine Ringe, Paprika in feine Streifen schneiden und Gurke dünnblättrig hobeln. Das Gemüse miteinander locker vermengen. Essig mit Wasser und Gewürzen aufkochen lassen. Das Gemüse beifügen und kurz knackig kochen. Dill untermischen und das Zucchini-Mischgemüse mit dem Sud in Einmachgläser füllen und sofort verschließen.

JÄGERGURKEN

3 kg große Einlege- oder Salatgurken
1 l Weißwein- oder Apfelessig
2,5 l Wasser
250–300 g Zucker
120 g Salz
2 EL Senfkörner
2 EL Pfefferkörner
1 EL Wacholderbeeren
3 EL gehackter Dill
2 EL grob gehackter Estragon
1 EL Thymian
5–6 Lorbeerblätter

Gurken in Scheiben schneiden. Essig, Wasser, Zucker und Salz mit den Gewürzen aufkochen. Die Gurkenscheiben in diesem Sud je nach Stärke kurz blanchieren. Kräuter beigeben, noch heiß in saubere Gläser füllen und sofort verschließen.

PILZE IN KRÄUTERESSIG

1,5 kg kleine, feste Pilze (Steinpilze, Maronen, Champignons, Reizker, Eierschwammerln, Kräuterseitlinge)
dünn abgeschälte Zitronenschale (unbehandelt)
500 ml Weinessig
250 ml Wasser
1 TL Salz
100 g Zucker
2 Lorbeerblätter
2–3 Zweige Estragon
einige Dillblüten
etwas Zitronenmelisse
150 g Schalotten
1 roter milder Pfefferoni

Pilze putzen, von Erdresten reinigen und evtl. ganz kurz waschen. Kleine Pilze ganz lassen, größere halbieren. Zitronenschale fein hacken. Essig, Wasser, Zitronenschale, Salz, Zucker und Lorbeerblätter 10 Minuten kochen lassen.

Die Pilze in den Sud geben und je nach Größe ca. 5 Minuten darin garen (sollen noch knackig sein). Danach mit einem Lochschöpfer herausnehmen und in kleine Gläser füllen, Estragonzweige, Dillblüten und Zitronenmelisse zwischen den Pilzen einschichten. Die Schalotten in Ringe schneiden und im Sud noch ca. 10 Minuten kochen lassen, den in feine Ringe geschnittenen Pfefferoni am Ende der Garzeit beigeben. Den heißen Sud (mit Schalotten und Pfefferoniringen) über die Pilze gießen, diese müssen fingerbreit bedeckt sein. Die Gläser verschließen, kühl und dunkel 3–4 Wochen vor dem Verzehr durchziehen lassen. Die Haltbarkeit beträgt 4–6 Monate.

© Mona Lorenz

▸ REZEPTTIPP

Durch die Wahl verschiedener Essige, wie z. B. Balsamicoessig, Mostessig, Birnenessig, Quittenessig etc., ergeben sich immer wieder neue Geschmacksvariationen. Auch 1–2 Knoblauchzehen schmecken fein im Sud.

BUNTES GEMÜSE

200 g Karfiol
2 gelbe Paprika
200 g Zucchini
200 g Karotten
200 g Perlzwieberln
2 Zweige Estragon
750 ml Apfelessig
250 ml Wasser
1–2 EL Zucker
1 TL Salz
1 Lorbeerblatt
1 EL Senfkörner
1 EL Pfefferkörner einige Wacholderbeeren

Das Gemüse waschen, putzen, den Karfiol in Röschen teilen, Paprika in Streifen, Zucchini und Karotten mit dem Buntmesser in Scheiben schneiden.

Die einzelnen Gemüsearten getrennt blanchieren und bunt gemischt mit Perlzwieberln und Estragon in die vorbereiteten Gläser schichten. Aus Essig, Wasser und Gewürzen einen Sud bereiten und diesen noch heiß über die Mischung gießen, sodass das Gemüse vollständig bedeckt ist. Gläser sofort verschließen und kühl und dunkel lagern.

Weitere bewährte Mischungen für buntes Gemüse:

- Zucchini, Paprika (rot, gelb, grün), Auberginen und Fenchel, kleine Tomaten (gelb, rot)
- Kraut, Karotten, Sellerie, grüne Tomaten und Gurken
- Champignons, Schalotten, Gelbe Rüben, roter Paprika
- Je nach Grundzutaten und persönlichen Geschmacksvorlieben können Gewürze (z. B. Zimtrinden, Gewürznelken, Fenchelsamen, Senfkörner etc.) und Kräuter (Thymian, Bohnenkraut, Basilikum etc.) beigegeben werden.

© Mona Lorenz

PUSZTAKRAUT

2 kg Weißkraut
1,5 kg Gurken
6 grüne Tomaten
4 große Zwiebeln (rot und gelb)
4 Karotten
1 kleine Karfiolrose
12 Paprika (rot, grün, gelb)
6 EL Salz
1 l Weißweinessig (7,5 %)
3 l Wasser
5–6 EL Zucker
2 EL Pfefferkörner
3 EL Senfkörner
4 Lorbeerblätter
2 EL Estragonblätter
2 EL Dill
1 EL Bohnenkraut
1 Pkg. Einsiedehilfe
250 ml Öl

Gemüse waschen, putzen und sauber vorbereiten. Das Gemüse hobeln, mit 6 EL Salz gut vermischen und über Nacht stehen lassen. Am nächsten Tag ausdrücken.

Essig mit Wasser und Gewürzen aufkochen. Gemüse in den Sud geben und ca. 5–10 Minuten kochen lassen. Vom Herd nehmen, frische Kräuter untermischen und die Einsiedehilfe einrühren. Zuletzt das Öl hinzufügen, in saubere Gläser füllen und sofort verschließen.

PAPRIKA MIT KRAUTFÜLLE

1 kleiner Krautkopf
10–15 rote Paprika (je nach Größe)
2 EL Salz
1 EL Kümmel
1,5 l Apfelessig
500 ml Wasser
1 EL Salz
2 EL Zucker
2 EL Senfkörner
1 EL bunte Pfefferkörner
1 TL Wacholderbeeren
1 TL Gewürznelken
3–4 Lorbeerblätter
4 Knoblauchzehen
3–4 Krenscheiben
einige schöne Weinblätter zum Abdecken

Kraut feinnudelig schneiden oder hobeln. Mit 2 EL Salz und 1 EL Kümmel vermischen und ca. zwei Stunden stehen lassen. Paprika entstielen, Deckel abschneiden, Kerngehäuse entfernen und kurz in Salzwasser blanchieren. Die Paprika herausnehmen, kalt abspülen und auf den Kopf gestellt abtropfen lassen. Inzwischen das Kraut gut ausdrücken, in die vorbereiteten Paprika fest einfüllen und diese in Gläser einschichten. Essig mit Wasser und Gewürzen 5–10 Minuten kochen. Den heißen Sud über die Paprika gießen und mit Krenscheiben und Weinblättern abdecken. Die Gläser sofort verschließen und bis zum Genuss kühl und dunkel 3–4 Wochen stehen lassen.

▸ REZEPTTIPP!

Besonders gut zum Füllen eignen sich Apfelpaprika. Durch Sterilisieren (15–20 Minuten bei 75 °C) erhöht sich die Haltbarkeit auf mindestens 1 Jahr.

EINGELEGTER KRÄUTERKÜRBIS MIT ZUCCHINI

1,5 kg festes, gelbes oder oranges Kürbisfleisch
500 Zucchini
1 EL Koriander
1 Lorbeerblätter
2 Zweige Rosmarin
2 Zweige Thymian
1 l Wein- oder Apfelessig
2 EL Balsamicoessig
500 ml Wasser
8 Knoblauchzehen
1 EL Salz
6 EL Kandiszucker
2 EL Senfkörner
1 EL Pfefferkörner

Kürbis und Zucchini in 1 cm dicke Würfel schneiden. Kurz in Salzwasser blanchieren und sofort abkühlen. Mit den Kräutern dekorativ in Gläser schichten. Für den Sud Essig, Wasser, Knoblauch, Salz, Zucker und Gewürze 5–10 Minuten kochen lassen. Die Gemüsewürfel heiß übergießen und die Gläser sofort verschließen.

EINGELEGTER KNOBLAUCH

1 kg frischer geschälter Knoblauch
750 ml Weinessig
250 ml Wasser
4 große Lorbeerblätter
1 EL weiße Pfefferkörner
1 EL Senfkörner
6 Gewürznelken
1 Zweig Thymian
8 EL Honig
1 TL Salz
2–3 EL Öl

Essig mit Wasser, Gewürzen und Kräutern aufkochen, den Honig beimengen. Die Knoblauchzehen in den Sud geben und nochmals kurz aufkochen lassen. Noch heiß in die vorbereiteten Gläser füllen, mit Öl luftdicht abschließen und die Gläser gut verschließen. Der harmonische, nussartige Geschmack entwickelt sich nach ca. einem Monat.

▸ REZEPTTIPPS

Wer es gerne scharf mag, kann zu den Knoblauchzehen zusätzlich 3 kleine Pfefferoni dazu einlegen.

Schmeckt, in dünne Scheiben geschnitten, wunderbar auf einem Stück Brot mit Butter.

© Mona Lorenz

EINGELEGTE EIERSCHWAMMERLN (PFIFFERLINGE)

500 g Eierschwammerln
2 rote Zwiebeln
4 Knoblauchzehen
200 ml Weißweinessig
100 ml Wasser
1 EL Zucker
1/2 TL Salz
1 EL rote Pfefferkörner
6 Wacholderbeeren
1 EL Senfkörner
2 Lorbeerblätter
2 Zweige Rosmarin
1 Zweig Thymian
2 Salbeiblätter

Eierschwammerln reinigen, kurz in Salzwasser blanchieren und gut abtropfen lassen. Zwiebeln in Spalten schneiden, Knoblauchzehen halbieren. Essig mit Wasser, Gewürzen und Kräutern aufkochen lassen. Zwiebelspalten und Knoblauch darin kurz (ca. 1 Minuten) blanchieren und dann mit einem Lochschöpfer herausheben. Die Eierschwammerln sowie Zwiebelspalten und Knoblauchstücke in saubere Gläser füllen, mit dem heißen Kräutersud übergießen und sofort verschließen. Kühl und dunkel aufbewahren.

© Tobias Schneider-Lenz

EINGELEGTE ZWERGTOMATEN

2 kg kleine, feste Cocktail- oder gelbe Birnentomaten
6 Knoblauchzehen
2 milde grüne Pfefferoni
2 Lorbeerblätter
2 Zweige Zitronenthymian
2 Zweige Basilikum
2 Blätter Salbei
1,5 l Weißweinessig
250 ml Wasser
1 TL Salz
4–6 EL Zucker
4 EL Senfkörner

Tomaten waschen und abtrocknen, mit einer Nadel 2–3-mal anstechen. Anschließend mit geschälten Knoblauchzehen, in Ringe geschnittenen Pfefferoni und Kräutern dekorativ in kleine Gläser einlegen. Essig mit Wasser, Salz, Zucker und Senfkörnern 5–10 Minuten kochen. Den ausgekühlten Sud über die Tomaten gießen und die Gläser verschließen. 10–15 Minuten bei 75 °C sterilisieren.

© Mona Lorenz

FALSCHE KAPERN AUS GÄNSEBLÜMCHENKNOSPEN

1 Handvoll Gänseblümchenknospen
2–3 EL Salz
ca. 250 ml Wasser
100 ml Apfel- oder Mostessig
1 EL Zucker
2 Pfefferkörner
2 Wacholderbeeren
2 Lorbeerblätter
1 Zweigerl Zitronenthymian
1 Estragonzweig

Die Gänseblümchenknospen in einem Sieb abbrausen, anschließend ins Salzwasser einlegen und über Nacht oder auch länger (wird immer würziger) zugedeckt kühl stehen lassen. Die Knospen abspülen und abtrocknen und in die vorbereiteten Gläser geben. Den Essig mit den Gewürzen und Kräutern aufkochen, erkalten lassen und über die „Kapern" geben. Verschließen und kühl lagern. Mindestens 1–2 Monate für den vollen Genuss reifen lassen.

TIPPS! Varianten & Verwendung

- Falsche Kapern können Sie auch aus unreifen Holunderbeeren machen, wobei Sie die Beeren mit dem Salzwasser nach der Rastzeit noch ca. 5 Minuten kochen sollten.
- Sehr fein sind auch Bärlauchknospen (ab Mitte Mai). Auch kleine geschlossene Löwenzahnblüten, Kapuzinerkresseblüten oder -samen eignen sich; zubereitet werden sie wie die Gänseblümchen-Kapern (siehe oben).
- Diese eingelegten falschen Kapern schmecken sehr gut in einer würzigen Salatsauce, zu kräftigem Käse oder würzigem Topfenkäse. Sie verfeinern Fischgerichte und Saucen und sind eine hübsche Garnierung. Wer es sehr scharf liebt, kann beim Einlegen noch ein paar Chilis dazugeben.

SCHALOTTEN IN INGWER-CURRY-SUD

2 kg Schalotten
1–2 rote Chili
ca. 500 ml Wasser
1 l Apfelessig
1 TL Salz
5–6 EL Braunzucker
2 EL Korianderkörner
1 EL weiße Pfefferkörner
4 Wacholderbeeren
2 Lorbeerblätter
2 Scheiben frische Ingwerwurzel
1 TL Curry

Schalotten schälen, Chili in feine Ringe schneiden. Für den Sud Wasser mit Essig, Salz, Zucker, Korianderkörnern, Pfefferkörnern, Wacholderbeeren, Lorbeerblättern, Ingwer und Curry aufkochen lassen. Nun die Schalotten im Sud je nach Größe 2–4 Minuten blanchieren. Schalotten mit einem Lochschöpfer aus dem Sud heben und in vorbereitete Gläser füllen. Chiliringe in den Sud geben, nochmals kurz aufkochen. Den Sud mit den Chiliringen kochend heiß über die Schalotten in den Gläsern füllen (alles muss gut mit Sud bedeckt sein) und sofort verschließen.

SENFGURKEN

3 kg feste Salatgurken
ca. 2–3 EL Salz zum Einsalzen
2 Lorbeerblätter
2 Zweige Estragon
2 Dillblüten
3–4 Borretschblätter
2 Zwiebeln
1 l Wein- oder Apfelessig
500 ml Wasser
1 EL Salz
4–6 EL Zucker
4 EL Senfkörner
1 EL Neugewürzkörner
1 EL Pfefferkörner

Gurken waschen, schälen, Mark und Kerne entfernen. In daumendicke längliche Stücke schneiden, einsalzen und ca. 2 Stunden ziehen lassen. Saft abgießen, Gurken in gut gereinigte Gläser schichten, dazwischen Lorbeerblätter, Estragonzweige, Dillblüten und Borretschblätter legen. Zwiebeln in feine Ringe schneiden, mit Essig, Wasser und Gewürzen ca. 5–10 Minuten köcheln lassen. Den heißen Sud über die Senfgurken gießen, die Gläser luftdicht verschließen und kühl lagern.

EINGELEGTE GRÜNE TOMATEN IN ROTWEINESSIG

500 g grüne Tomaten
500 ml Wasser
1 TL Salz
2–3 schöne Dillblüten
2 EL Dillkraut
500 ml Wasser
250 ml Rotweinessig
5 EL Balsamicoessig
1 TL Salz
2 EL Zucker
2 Lorbeerblätter
1 EL Senfkörner
1 TL Pfefferkörner
6 Wacholderbeeren
Öl zum Bedecken

Tomaten waschen, abtrocknen und Stielansätze mit einem kleine, spitzen Messer keilförmig herausschneiden. Die Tomaten mit einer Nadel oder einem Zahnstocher mehrmals einstechen und in Salzwasser je nach Größe 2–5 Minuten kochen (sollen noch Biss haben). Mit einem Lochschöpfer herausheben, kalt abspülen und gut abtropfen lassen. Wer möchte, kann die Tomaten zusätzlich schälen. Die blanchierten Tomaten mit Dillblüten und Dillkraut in sterilisierte Gläser füllen. Für den Sud Wasser, beide Essigsorten, Salz, Zucker, Lorbeerblätter, Senf- und Pfefferkörner sowie Wacholderbeeren ca. 5 Minuten kochen. Den kochend heißen Sud über die Tomaten in den Gläsern gießen. Jedes Glas mit einer Schicht Öl luftdicht abschließen und sofort verschließen.

WICHTIG! Gut zu wissen

Grüne (gemeint sind in diesem Fall unreife) Tomaten zu Marmeladen, Russenkraut zu verarbeiten oder sie milchsauer einzulegen etc. hat in der Vorratsküche Tradition. Unreife Tomaten enthalten das Alkaloid Solanin. Die höhste Konzentration befindet sich im Stielansatz und in den Schalen. In größeren Mengen kann dies bei empfindlichen Menschen zu Bauchschmerzen, Durchfall etc. führen. Kleine Mengen sind jedoch weitgehend unbedenklich.
Es gibt auch Tomatensorten (Green Zebra etc.), die im vollreifen Zustand eine grüne Färbung haben. Bei diesen ist Solanin kein Thema, weil sie ja reif sind.

GEWÜRZGURKERLN

ca. 2,5 kg kleine Einlegegurken
250 g kleine Zwiebeln
4 Lorbeerblätter
1 Bund Dill
2 Zweige Estragon
2 Zweige Bohnenkraut
2–3 Borretschblätter
einige Krenscheiben
1,5 l Wein- oder Apfelessig
ca. 750 ml Wasser
2 EL Salz
3–5 EL Zucker
4 EL Senfkörner
1 EL Neugewürzkörner
1 EL Wacholderbeeren
1 TL Fenchelsamen

Gurken gut waschen und abbürsten, anschließend trocknen. Die Gurken mit den Zwiebelscheiben und den Kräutern sowie den Krenscheiben in die vorbereiteten Gläser schichten. Essig mit Wasser und Gewürzen 5–10 Minuten kochen lassen. Den Sud heiß über die Gurken gießen. Diese müssen gut bedeckt sein. Am nächsten Tag den Sud abgießen, nochmals aufkochen und wieder heiß über die Gurken gießen. Die Gläser sofort verschließen und kühl und dunkel aufbewahren. Nach 4–6 Wochen sind die Gurkerln genussfertig.

▸ REZEPTTIPP

Bei der Verwendung von Einmachhilfe oder fertigem Einlegeessig ersparen Sie sich das zweimalige Aufkochen des Suds. Ebenso erspart das Einkochen (bei 75 °C 20–25 Minuten lang) das zweimalige Aufkochen; zusätzlich wird die Haltbarkeit verlängert.

EINLEGEN IN ESSIG-ZUCKER-LÖSUNG

Diese Konservierung ist für nicht alltägliche süß-saure Spezialitäten gedacht. Ein interessantes Geschenk für kulinarisch Verwöhnte, die immer gerne Neues ausprobieren.

Das Prinzip des Einlegens in Essig-Zucker-Lösung

Bei dieser Art der Haltbarmachung wirkt neben dem Essig auch der Zucker konservierend.

Empfehlungen für die Praxis

- Es gelten hier grundsätzlich dieselben Regeln wie für „Einlegen in Essig".
- Es eignen sich vor allem Kürbis, Tomaten, Zwiebeln, Gurken, Rote Rüben, Karotten, Gelbe Rüben, Fenchel, Auberginen, Zucchini usw.
- Je nach Geschmack sind eigene Mischungen immer möglich.
- Als Essige eigenen sich Apfel- oder Weinessig. Je nach Rezeptur, Zutaten und Geschmacksvorlieben kann auch mit anderen Obstessigen, wie z. B. Most-, Quitten-, Birnenessig etc. experimentiert werden. Wichtig: Der verwendete Essig sollte einen Säuregehalt von mind. 5 % haben, um die Haltbarkeit zu gewährleisten.
- Zum Süßen eignen sich Haushaltszucker, weißer oder brauner Kandiszucker, Vollzucker sowie Honig (besonders Blütenhonigarten).
- Zum Würzen eignen sich Zimt, Gewürznelken, Ingwer, Senf- und Pfefferkörner, Wacholderbeeren und Lorbeerblätter.
- Gemüse im süß-sauren Sud nicht zu weich kochen (soll noch Biss haben).
- Das Gemüse in die Gläser einlegen oder einschichten und mit kochend heißer Essig-Zucker-Lösung übergießen.
- Anschließend mit heißem, noch etwas eingekochtem, eingedicktem Sud übergießen.
- Nach 2–3 Tagen die Flüssigkeit erneut aufkochen und wieder über das Gemüse gießen, dies erhöht die Haltbarkeit. Verschließen und kühl und dunkel aufbewahren.

TIPP! Faustregel

Für den süß-sauren Sud gilt:
Auf 1 kg Gemüse rechnet man **500 ml Essig** (Gärungsessig mit mind. 5 % Säuregehalt) **+ 250 ml Wasser** (optional Apfelsaft, Wein etc.) **+ 150–750 g Zucker** (abhängig vom gewünschten Süßungsgrad) **+ 1–2 EL Salz + gewünschte Gewürze & Kräuter.** Diese Grundrezeptur kann je nach persönlicher Vorliebe abgeändert werden.

© Mona Lorenz

REZEPTE FÜR SÜSS-SAUER EINGELEGTES GEMÜSE

SÜSS-SAURE SCHALOTTEN MIT ROSINEN IN ESSIG-ÖL-SUD

1,5 kg Schalotten
1 EL Salz zum Blanchieren
100 g Rosinen
40 ml Marsala oder trockener Sherry
125 ml Wasser
250 ml Öl
125 ml Balsamicoessig
150 g Staubzucker
125 ml Weißweinessig
frisch gemahlener weißer Pfeffer

Geschälte Schalotten in reichlich Salzwasser ca. 5–8 Minuten kochen und mit einem Lochschöpfer herausnehmen. 250 ml des Schalottenkochwassers beiseitestellen. Rosinen in Marsala oder Sherry und 125 ml lauwarmem Wasser einweichen.

Öl erhitzen, die abgetropften Schalotten etwas salzen und darin glasig braten. Balsamicoessig mit Zucker verrühren und über die Schalotten gießen. Aufkochen und mit Weinessig sowie 250 ml Schalottenkochwasser begießen. Zuletzt die eingeweichten Rosinen samt Flüssigkeit hinzufügen und mit Pfeffer würzen. Das Ganze in die vorbereiteten Gläser füllen und sofort verschließen.

Am nächsten Tag die Einlegeflüssigkeit abgießen, nochmals aufkochen und, falls nötig, etwas Wein oder Wasser zugießen. Abkühlen lassen, über die Schalotten gießen und die Gläser verschließen.

▸ REZEPTTIPP

Dieses Rezept schmeckt auch ohne Rosinen hervorragend.

SÜSS-SAURER FENCHEL

1 kg Gemüsefenchel mit Fenchelgrün
1 EL Salz zum Blanchieren
3 kleine milde rote Pfefferoni
500 ml Quitten- oder Birnenessig
500 ml Fenchelsud
200 g Zucker
1 EL grüne Pfefferkörner

Fenchel putzen (Fenchelgrün beiseitelegen), waschen, halbieren und achteln, in reichlich Salzwasser knackig kochen und kalt abspülen. Mit einem Lochschöpfer aus dem Sud nehmen (Sud aufbewahren), Fenchel abtropfen lassen und mit halbierten, entkernten Pfefferoni und Fenchelgrün in Gläser schichten. Essig, Fenchelsud, Zucker und Pfefferkörner aufkochen und heiß über das Eingelegte gießen. Gläser verschließen und kühl und dunkel lagern.

EINGELEGTE WASSERMELONENSCHALEN

ca. 1 kg Wassermelonenschalen (an den Schalen sollte noch etwa 0,5–1 cm rotes Fruchtfleisch sein)
2,5 l Wasser
2 EL Salz
500 ml Weißwein- oder Apfelessig
300 ml Wasser (evtl. einen Teil durch Weißwein ersetzten)
400 g Zucker
Saft und geriebene Schale einer unbehandelten Zitrone (evtl. auch Orange)
1 entkernte und in Ringe geschnittene rote Chili
1 EL fein gehackter Ingwer
1 EL Senfkörner
1 TL Korianderkörner
4–5 geschrotete Neugewürzkörner
1 Stk. Sternanis

Die grüne Außenschale der Melonenschalen mit dem Sparschäler abschälen. Die inneren Melonenschalen mit der dünnen Fruchtfleischschicht in mundgerechte Stücke (Würfel, Scheiben) schneiden. Wasser mit Salz aufkochen und die Melonenstücke darin portionsweise 1–2 Minuten kochen. Mit einem Lochschöpfer herausheben und abtropfen lassen. Für den Sud alle Zutaten in einem großen Topf aufkochen lassen. Die Melonenstücke einlegen und je nach Größe 10–40 Minuten sanft köcheln lassen, bis sie ein glasiges Aussehen haben, aber noch Biss haben. Nun die Melonenstücke mit einem Lochschöpfer aus dem Sud heben, in vorbereitete Gläser füllen, mit kochend heißem Sud übergießen und sofort verschließen.

▸ REZEPTTIPPS

Sternanis nach dem Kochen aus dem Sud nehmen und nicht in Gläser füllen, denn mit der Zeit entwickelt sich ein sehr starkes Aroma, welches die anderen Aromen sonst leicht übertönt.
Für einen Hauch Exotik 1–2 Kaffirlimettenblätter oder Zitronengrasstängel im Sud mitkochen.
Diese eingelegten Wassermelonenschalen erinnern geschmacklich an eingelegten Kürbis oder Gurken und sind ein Paradebeispiel dafür, dass aus vermeintlichen Resten spannende und nachhaltige Gerichte gezaubert werden können.

SÜSS-SAURE KAROTTEN MIT GELBEN ZUCCHINI

1 kg Karotten
je 500 g Gelbe Rüben und gelbe Zucchini
700 ml Apfelsaft
700 ml Apfelessig
250 g Zucker
4 kleine Lorbeerblätter
1 TL Salz
1 TL grüne Pfefferkörner
1 TL Anis
1 TL Fenchel
1 TL Koriander
1 Stück frischer Ingwer

Gemüse waschen, putzen und in ca. 3 cm lange Stifte schneiden. Apfelsaft, Apfelessig, Zucker und Gewürze aufkochen. Die Karotten und Gelben Rüben in den Sud einlegen und bei milder Hitze knackig garen. Kurz vor Ende der Garzeit die gelben Zucchini mit dem hauchdünn geschnittenen Ingwer hinzugeben. Das Gemüse mit einem Lochschöpfer herausnehmen und in vorbereitete Gläser schichten. Den Sud nochmals kräftig aufkochen lassen und heiß über das Gemüse gießen. Gläser sofort verschließen und kühl und dunkel lagern.

SÜSS-SAURER KÜRBIS IN APFELMOST

1,5 kg Kürbisfleisch
250 ml Apfelessig
750 ml Apfelmost
1 kg Zucker oder 750 g Blütenhonig
2 unbehandelte Zitronen
1 Stück Ingwerwurzel
1 Stange Zimt
2 EL Gewürznelken

Kürbis mit dem Buntmesser in 2 cm lange Stäbchen schneiden, mit Apfelessig übergießen und gut durchmischen. Über Nacht zugedeckt stehen lassen, anschließend die Kürbisstücke abseihen, Essig auffangen und mit Apfelmost, Zucker oder Honig aufkochen. Darin die Kürbisstücke portionsweise ca. 4–5 Minuten glasig kochen, herausnehmen und abtropfen lassen. Die in Scheiben geschnittenen Zitronen mit den Gewürzen in den Sud geben und nochmals aufkochen lassen. Kürbis und Zitronenscheiben in die vorbereiteten Gläser füllen.

Den heißen Sud darübergießen und die Gläser verschließen. Nach 3–5 Tagen prüfen, ob der Sud noch sirupartig dick ist. Falls nicht, den Sud abgießen, nochmals erhitzen und durch Einkochen eindicken. Heiß über die Kürbisstücke gießen und die Gläser wieder verschließen.

▸ REZEPTTIPPS

Das Kürbisfleisch kann man auch mit dem Kugelausstecher ausstechen oder in Würfel schneiden.

Ein optischer Augenschmaus sind winzige eingelegte Minipatissons. © Mona Lorenz

BLÜTEN- UND AROMAESSIGE

Aromatisierter Essig bringt Abwechslung und Vielfalt in Ihre Küche. Bei fast allen Rezepten können Sie anstelle von gekauftem Essig Ihren selbst gemachten Aromaessig verwenden. Voraussetzung ist die geschmackliche Harmonie zum jeweiligen Gericht.

Diese hausgemachten Spezialitäten sind auch besondere Geschenke für Freunde gepflegten Essens und guter Küche. Die Herstellung ist ganz einfach und lässt jeden Essig zu einem kulinarischen Erlebnis werden.

Empfehlungen für die Praxis

- Als Basis Obst- (Apfel- oder Mostessig) und Weinessig (Weiß-, Rosé- oder Rotweinessig) von bester Qualität verwenden. Nur ein guter Essig ergibt ein gutes Endprodukt!
- Folgende Kräuter eignen sich besonders gut zum Aromatisieren: Basilikum, Dill, Estragon, verschiedene Minze- und Melissearten, Salbei, Oregano, Thymian, Borretsch, Bohnenkraut, Ysop, Pimpinelle, Lorbeer, Bärlauch, Waldmeisterblätter usw.
- Folgende Blüten eignen sich: Veilchen (lila), Schlüsselblume (gelb), Borretschblüten (blassblau), Goldmelisse (rot), Kapuzinerkresse (gelb-orange), Holunderblüten (zartes Gelb), Ringelblumen (gelb-orange), Lavendel (zartes Lila), Flieder (blassblau bis lila oder rosa), Dillblüten (neutral).
- Geeignete Geschmackszutaten sind Senf-, Wacholder-, Koriander- und bunte Pfefferkörner, Neugewürz, Ingwer, Sternanis, Gewürznelken, Pfefferoni, Knoblauch, Schalotten, Zitronen- und Orangenschalen.
- Die vorbereiteten frischen Kräuter bzw. Blüten und Geschmackszutaten in Flaschen oder Gläser geben und mit Essig auffüllen. 2–3 Wochen verschlossen durchziehen lassen. Die Kräuter abseihen oder als dekorativen Blickfang in der Flasche belassen.
- Blütenessige sollten nach 2–3 Wochen abgeseiht oder am besten gefiltert (Kaffeefilter) werden. Denn im Gegensatz zu kompakteren Kräuterzweigen wie z. B. Thymian, Rosmarin, Estragon etc. verlieren sie durch das „Ausziehen“ in Essig sehr viel an Farbe und Stabilität. Sie werden blass und unansehnlich und schauen nicht mehr sehr dekorativ aus.
- Die Würzkraft des Essigs wird umso intensiver, je länger die Kräuter in der Flasche verbleiben.
- Eine Variante für „Eilige“: Den Essig erhitzen, über die Kräuter gießen, abkühlen lassen und verschließen. Die Flasche zur rascheren Aromaentwicklung gelegentlich schütteln.
- Beim Ansetzen von Aromaessigen empfiehlt es sich, kleine Mengen und verschiedene Geschmacksvarianten herzustellen, so bereichern Sie Ihre Auswahl.
- Besonders gut zu dosieren sind diese zarten Essige in speziellen säurefesten Nirosta- oder Glassprühdosen. Meist reicht ein Hauch dieser aromareichen Blütenessige zum Verfeinern von Spezialitäten.

TIPP! Faustregel

Eine Handvoll frischer Kräuter oder Blüten auf einen Liter Obst- oder Weinessig.

Holunderblüten-
Essig mit Apfelminze

REZEPTE FÜR BLÜTEN- UND AROMAESSIGE

HOLUNDERBLÜTENESSIG MIT APFELMINZE

3–4 Holunderblüten
1 l Apfelessig
2 Zweige Apfelminze
Schale von einem unbehandelten roten Apfel

Holunderblüten in ein Glas geben und mit Apfelessig übergießen. Nach zwei Wochen abseihen. In zwei Flaschen je einen Zweig Apfelminze und die Hälfte der dünn und spiralförmig abgeschälten Apfelschale geben. Mit Holunderblütenessig übergießen und verschließen.

BORRETSCHBLÜTENESSIG

1–2 Handvoll Borretschblüten
1 l Mostessig
4 Borretschblätter
2 Zweige Estragon
1 roter Pfefferoni
2 EL Senfkörner
6 Neugewürzkörner
4 Knoblauchzehen

Borretschblüten in ein Glas füllen, mit Essig übergießen und verschlossen 2 Wochen durchziehen lassen und danach abseihen. Kräuter und Gewürze dekorativ in zwei Flaschen verteilen, mit dem Borretschblütenessig aufgießen und verschließen.

SCHLÜSSELBLUMENESSIG MIT ORANGENTHYMIAN

1 Handvoll abgezupfte Schlüsselblumenblüten
750 ml Weißweinessig
2 Zweige Orangenthymian
4 Gewürznelken
2 kleine Zimtstangen
½ TL in Streifen geschnittene unbehandelte Orangenschale

Abgezupfte Schlüsselblumenblüten in ein Glas geben und mit Essig übergießen. Zwei Wochen durchziehen lassen und anschließend abseihen. In zwei Flaschen je einen schönen Zweig Orangenthymian, 2 Gewürznelken, 1 Zimtstange und die Hälfte der Orangenschalen geben. Mit Schlüsselblumenessig auffüllen und verschließen.

▸ REZEPTTIPP

Schlüsselblumenblüten durch duftende Rosenblütenblätter ersetzen und mit rosa und weißen Pfefferkörnern verfeinern. Zusätzlich evtl. noch einige getrocknete Cranberrys beigeben.

KAPUZINERKRESSE-DILLBLÜTEN-ESSIG

2 Handvoll Kapuzinerkresseblüten (orange und gelb)
1 l Apfel- oder Weißweinessig
2 EL Senfkörner
6 Wacholderbeeren
2 Lorbeerblätter
1–2 Knoblauchzehen
2–4 schöne Dillblüten

Kapuzinerkresseblüten in ein großes Glas geben, mit Essig übergießen und verschließen. Nach 10–14 Tagen abseihen. In zwei Flaschen Senfkörner, Wacholderbeeren, Lorbeerblätter, Knoblauchzehen und Dillblüten verteilen. Mit dem abgeseihten Blütenessig aufgießen und verschließen.

GOLDMELISSENESSIG MIT ORANGEN UND ROSMARIN

1 Handvoll abgezupfte Goldmelissenblüten
750 ml Rosé-Weinessig (auch Weißweinessig möglich)
2 Zweige Rosmarin
½ Orange oder 2–3 Zwergorangen (Kumquats)
2 Lorbeerblätter

Goldmelissenblüten in ein Glas geben und mit Essig übergießen, Glas verschließen. Nach 10–14 Tagen abseihen. Orangen bzw. Kumquats in Scheiben schneiden (Kumquats-Scheiben können ganz bleiben, Orangenscheiben halbieren oder vierteln) und auf den Rosmarinzweigen aufspießen. Alle Zutaten dekorativ in ein gut verschließbares Glas oder eine weithalsige Flasche geben, mit Essig auffüllen und verschließen.

PIKANTER KRÄUTERESSIG

3 Zweige Estragon
2 Zweige Thymian
1 Zweig Rosmarin
1 Zweig Zitronenthymian
1 Zweig Weinraute
1 Lorbeerblatt
4 Knoblauchzehen
2 Schalotten
1 EL bunte Pfefferkörner
2 EL Senfkörner
2 Krenscheiben
8 Wacholderbeeren
1 l Obst- oder Weinessig

Alle Zutaten dekorativ in Flaschen verteilen, mit Essig auffüllen und verschließen.

▸ REZEPTTIPP

Einfach und schnell gemacht – eine Bereicherung für jeden Salat!

Tomaten-Basilikum-Essig
Pikanter Kräuteressig

VEILCHENESSIG MIT ZITRONENTHYMIAN

1 Handvoll Veilchenblüten
750 ml Weißweinessig
4 Zweige Zitronenthymian
1 unbehandelte Zitrone

Veilchenblüten in ein Glas geben und mit Essig übergießen. Nach 10–12 Tagen, wenn der Essig eine schöne violette Farbe bekommen hat, abseihen. In zwei Flaschen Zitronenthymianzweige und jeweils die Hälfte der dünn und spiralförmig abgeschälten Zitronenschale geben, mit dem Veilchenessig auffüllen und verschließen.

▸ REZEPTTIPP

Als Variante empfehlen wir Fliederblütenessig (lila Blüten), mit etwas Honig verfeinert – ein optisches und geschmackliches Highlight.

FEINER KRÄUTERESSIG

1 EL Lavendelblüten
2 Zweige Basilikum
1 EL Rosmarinnadeln
1 EL Estragonblätter
1 TL Thymianblätter
1 kleine Zimtstange
6 Gewürznelken
1 Muskatblüte
3 EL bunte Pfefferkörner
750 ml Weißweinessig

Blüten, Kräuter und Gewürze in zwei Flaschen geben, mit Essig auffüllen und verschließen.

▸ REZEPTTIPP

Lavendelblüten können auch durch Blüten von Rosmarin oder Thymian ersetzt werden.

TOMATEN-BASILIKUM-ESSIG

1 l Weißweinessig
2 Zweige Rosmarin
2 Lorbeerblätter
einige bunte Pfefferkörner
einige Neugewürzkörner
einige Senfkörner
250 g getrocknete Tomaten
einige Zweige Basilikum

Essig mit Rosmarin, Lorbeerblättern und Gewürzen aufkochen. Die getrockneten Tomaten mit dem Sud übergießen und mit einem Deckel abdecken. Im Kühlschrank 14 Tage durchziehen lassen. Den Tomatenessig abseihen und mit je einem dekorativen Basilikumzweig in Flaschen füllen (wer möchte, kann auch einige Tomaten sowie Gewürzkörner vom abgeseihten Ansatz als Blickfang in die Flaschen füllen).

▸ REZEPTTIPP

Die Tomaten können Sie weiterverwenden. Dazu unter kaltem Wasser abspülen, 3–4 Stunden in einem Sieb abtropfen lassen, dann in ein Schraubverschlussglas geben, mit Öl bedecken, verschließen und kalt stellen. Vor dem Servieren mit Knoblauch und frischen Kräutern mischen und mit Brot zu Wein reichen.

SENFVARIATIONEN MIT KRÄUTERN UND GEMÜSE

HAUSGEMACHTER SENF MIT DEM GEWISSEN ETWAS

Kochbegeisterte Senfgourmets können mit wenig Aufwand hausgemachte Senfspezialitäten ganz einfach selbst herstellen. Senf ist ein kulinarisches Universalgenie und bringt herrliche Geschmacksnuancen in Saucen, Marinaden oder Suppen. Er ist ein klassischer Begleiter für Grillgerichte aller Art und schmeckt pur zur Jause und zu pikanten Snacks. Ob würzig-pikant, teuflisch-scharf oder harmonisch-mild – geben Sie Ihren Senf dazu und eröffnen Sie in Ihrer Küche eine Senfwerkstatt mit ganz individuellen kulinarischen Scharfmachern.

Grundzutaten für selbst gemachten Senf sind Senfkörner sowie Essig, Salz und Zucker. Mit verschiedenen zusätzlichen Zutaten bringen Sie unterschiedlichste Geschmacksnuancen und viele neue Senf-Geschmackserlebnisse in Ihre Küche.

TIPP! Das kommt rein

Neben den Grundzutaten können Gemüse- oder Fruchtpüree, Garten- bzw. Wildkräuter hinzugefügt werden. Der Essig könnte teilweise durch Fruchtsaft, Most oder Wein ersetzt werden.
Grundsätzlich unterscheidet man zwischen weißen und schwarzen Senfkörnern. Weil weiße Senfkörner eine leicht gelbliche Färbung haben, werden sie auch gelbe Senfkörnern genannt. Sie schmecken würzig-scharf. Schwarze Senfkörner haben eine bräunliche bis schwarze Farbe und sind im Gegensatz zu den hellen Senfsaaten um einiges schärfer und intensiver im Geschmack.

Schwarzer Senf ist deutlich schärfer als weißer bzw. gelber Senf.
© Andrej Sheldunov

Empfehlungen für die Praxis

- Sämtliche Geräte, die Sie zur Senfherstellung brauchen, sind in fast jedem Haushalt vorhanden. Für das Zermahlen der Senfkörner reicht eine kleine Kaffeemühle (gründlich gereinigt) oder ein Cutter. Zum Einrühren des Senfpulvers empfiehlt sich ein Handmixer. Für die Aufbewahrung von Senf sind kleine Schraubverschlussgläser bzw. Gläser mit Bügelverschluss empfehlenswert.
- Verfeinert wird gerne mit Pfeffer, Neugewürz, Koriander, Knoblauch, Curcuma, Zwiebel, Chili, Senf (Estragonsenf, Englischer Senf), Ingwer und diversen Gewürzen wie Zimt, Gewürznelken, Muskat usw.
- Für Senfpulver (Senfmehl) werden die ganzen Senfkörner in der Kaffeemühle zu feinem Senfpulver vermahlen. Schalten Sie die Mühle zwischendurch aus, damit das Senfpulver nicht zu stark erhitzt wird. Denn bei Temperaturen über 30 °C verflüchtigen sich die wertvollen, aromareichen Senföle bzw. kann das Pulver bitter werden. Fertig gemahlenes Senfpulver ist in Reformhäusern bzw. Naturkostläden erhältlich.
- Senfkörner lassen sich besser mahlen, wenn man sie zuvor ca. 1 Stunde in das Tiefkühlfach legt.
- Trockene Gewürze wie Gewürznelken, Pfefferkörner, Neugewürzkörner oder getrocknete Kräuter können zusammen mit den Senfkörnern vermahlen werden.
- Frische Zutaten wie Kräuter, Knoblauch und Pfefferoni werden extra mit einem scharfen Messer zerkleinert.
- Senfpulver mixt man am einfachsten mit dem Handmixer in das überkühlte Gemüsepüree bzw. die Flüssigkeit ein, bis eine sämige Konsistenz erreicht ist. Das Senfmehl beginnt während des Rührens zu quellen, dadurch wird die Masse etwas fester und bekommt eine senfartige Konsistenz.

- Sollte die Masse zu fest werden, können Sie mit etwas Flüssigkeit wie Fruchtsaft, Wein, Most, Balsamicoessig etc. verdünnen.
- Zur vollen Aromaentwicklung braucht der Senf eine Ruhezeit von ca. einer Woche.
- Im Kühlschrank gut verschlossen aufbewahrt, beträgt die Haltbarkeit 3–4 Monate.

HINWEIS! Variantenreich

Die nachfolgenden Rezepte lassen sich je nach persönlichen Geschmacksvorlieben individuell abändern. „Probieren geht über Studieren!" Geben Sie Ihren Senf dazu – aber bitte selbst gemacht!

REZEPTE FÜR SENFVARIATIONEN

SENF-GRUNDREZEPT

50 g gelbe Senfkörner
1 TL Salz
1 EL Zucker oder Honig
1 Neugewürzkorn
¼ TL Kurkuma
30 g Wein- oder Apfelessig (5 %)
ca. 50 ml Wasser

Die Senfkörner im Gefrierfach 1–2 Stunden abkühlen lassen und dann in der sauberen Kaffeemühle fein mahlen. Am besten gleich das Neugewürzkorn, Salz und Zucker mitmahlen. Essig mit Wasser aufkochen, überkühlen lassen, zum gemahlenen Senf dazugeben und mit dem Mixstab kräftig durchmixen. Die Masse darf nicht zu dickflüssig sein, lieber etwas Flüssigkeit dazugeben. Senfmehl quillt noch nach. In kleine Gläschen füllen und vor dem Verzehr ca. 1 Woche durchziehen lassen. An einem kühlen Ort lagern.

▸ **REZEPTTIPP**

Wenn Sie mehr Schärfe wollen, einfach die Hälfte der Senfkörner durch schwarze Senfkörner ersetzen. Möchten Sie einen milden Honigsenf herstellen, so erhöhen Sie die Honigmenge auf 40 g und geben noch einen Esslöffel Sonnenblumenöl für die cremige Konsistenz dazu. Für klassisch süßen Senf eine Prise Zimt, Nelke und Koriander beigeben.

BÄRLAUCHSENF

100 ml Weißweinessig
100 ml Weißwein
100 g gemahlene gelbe Senfkörner
1 Bund Bärlauch
3 EL Zucker oder Cremehonig
1 TL Salz
1 TL gemahlener Ingwer

Essig und Weißwein aufkochen und auskühlen lassen. Das Senfmehl mit dem fein geschnittenen Bärlauch und den Gewürzen mischen. Die Flüssigkeit zum Senfmehl dazugeben und unterrühren. In die vorbereiteten Gläser füllen, verschließen und kühl lagern.

▸ **REZEPTTIPP**

Je nach Jahreszeit kann man Wildkräutermischungen zu feinen Senfkreationen verarbeiten.

LILA SENF VOM FERMENTIERTEN BLAUKRAUT

50 g Senfkörner
150 ml Lake vom fermentierten Blaukraut (Rezept siehe S. 140)
80 g fermentiertes Blaukraut (Rezept siehe S. 140)
1 EL Balsamicoessig
1–2 TL Honig (je nach Geschmack)
evtl. etwas Kräutersalz

Senfkörner in ein kleines Glas geben, mit der Lake auffüllen und mit einem Deckel oder Tuch locker abdecken. Nun bei Zimmertemperatur 2–3 Tage fermentieren lassen. Es bilden sich ganz kleine Bläschen.

Dann den Senfkörner-Lake-Ansatz mit den restlichen Zutaten in ein Mixglas geben und fein cuttern bzw. pürieren. Die Masse soll eine senfartige Konsistenz haben. Sollte die Masse zu fest sein, noch etwas Lake beigeben. In kleine Gläser füllen und an einem kühlen Ort oder im Kühlschrank lagern.

▸ REZEPTTIPPS

Ein besonderes Geschmackserlebnis ist es, wenn man zusätzlich einige ganze fermentierte Senfkörner in den Senf gibt. Das knackt und prickelt beim Reinbeißen und Genießen.
Nach diesem Rezept kann man auch Senf aus der Lake und dem Gemüse von anderen fermentierten Köstlichkeiten (wie z. B. aus Sauerkraut) herstellen.

Fermentiertes Blaukraut kann man wie beschrieben z. B. zu Senf verarbeiten, man kann es jedoch auch trocknen und zu Pulver vermahlen, das wiederum als Würzmittel für Aufstriche, Dressings und Saucen eingesetzt werden kann. © Tobias Schneider-Lenz

PAPRIKASENF

300 ml Apfelbalsamessig
200 ml Wasser
2 Lorbeerblätter
je 4 Pfeffer- und Neugewürzkörner
4 große rote, in Würfel geschnittene Paprika
2 gehackte Knobauchzehen
2 EL Öl
2 mittlere, klein geschnittene Zwiebeln
1 EL getrocknete Kräuter (Thymian, Basilikum, Rosmarin etc.)
2 EL Salz
100 g Zucker oder Honig
200 g gelbe, fein gemahlene Senfkörner

Für den Sud Essig und Wasser mit den Gewürzen aufkochen, abseihen und überkühlen lassen. Die Paprikawürfel und den Knoblauch in wenig Öl leicht anschwitzen. Kräuter, Salz und Zucker oder Honig beigeben. Die Paprikamasse mit dem Senfpulver und dem Sud rasch zu einer cremigen Masse pürieren. Über Nacht mit einem Tuch leicht abgedeckt stehen lassen. Dadurch dickt der Senf ein und es kommt zu einer Fermentation und einer aromatischen Schärfe. Am nächsten Tag in kleine Gläser füllen, verschließen, kühl und dunkel lagern.

▸ REZEPTTIPP

Schmeckt zu Gegrilltem aller Art und gibt vielen Saucen und Dressings den letzten Schliff.

© Mona Lorenz

FEURIGER KÜRBIS-CHILISENF

250 g Speisekürbis (z. B. Muskat- oder Butternusskürbis)
ca. 200 ml Apfelsaft oder Most
1 TL Salz
150 g Gelierzucker 2:1
3 EL Senfpulver
1–2 fein gehackte Chilischoten
1 TL fein gehackter Ingwer
2 EL Apfelbalsamessig

Kürbis fein raspeln und mit Apfelsaft bzw. Most in einen weiten Topf geben. Zum Kochen bringen und sanft köchelnd weich dünsten lassen (bei Bedarf noch etwas Flüssigkeit nachgeben). Wenn das Fruchtfleisch weich ist, mit dem Mixstab pürieren. Das Püree sollte eher dünnflüssig sein. Nun den Gelierzucker beigeben und nochmals 6–8 Minuten marmeladenartig einkochen. Vom Herd ziehen, Salz, Senfmehl, gehackte Chili und Ingwer einrühren. Zuletzt mit Apfelbalsamessig verfeinern, noch heiß in Gläser füllen, verschließen und ca. 5 Minuten auf den Kopf stellen.

▸ REZEPTTIPP

Der Kürbis kann auch durch gelbe oder grüne Zucchini ersetzt werden.

PIKANTER KRÄUTER-HONIG-MOSTSENF

150 ml Apfelessig
125 ml Most
125 ml Apfelsaft
1 Zwiebel
2 Lorbeerblätter
3 Knoblauchzehen
4 Gewürznelken
5 Wacholderbeeren
5 Neugewürzkörner
100 g gelbes Senfmehl
50 g Zucker
2 TL Honig
1 TL Salz
2 EL frische, gehackte Kräuter (Basilikum, Petersilie, Thymian, Oregano, Liebstöckel etc.) oder 1 EL getrocknete Kräuter

Essig mit Most, Apfelsaft, Zwiebelscheiben, Lorbeerblättern, Knoblauchzehen, Gewürznelken, Wacholderbeeren und Neugewürzkörnern ca. 20 Minuten leicht köcheln lassen. Den Sud abseihen und mit Senfmehl, Zucker, Honig, Salz und Kräutern gut aufmixen, bis eine sämige Masse entsteht. Den Senf in Gläser füllen, verschließen und im Kühlschrank lagern.

HALTBARMACHEN DURCH MILCHSÄUREGÄRUNG

Wer durch eine reiche Ernte größere Mengen Gemüse vom Garten übrig hat, bedient sich der praktischen Methode des Einsäuerns. Die Milchsäuregärung, auch Fermentieren genannt, ist im Zuge einer natürlichen, gesunden Ernährung wieder populär geworden. Bei dieser Methode bleiben die Vitamine und die Mineralstoffe am besten erhalten. Es ist eine der ältesten Haltbarmachungsarten überhaupt.

Jahrtausende vor uns kannten bereits Tataren und Chinesen das saure Kraut. In römischen und griechischen Schriften wird es als Heilmittel erwähnt. Pfarrer Kneipp verordnete seinen Patienten Sauerkraut aus mehreren Gründen: „Als richtiger Besen für Magen und Darm nimmt es die schlechten Säfte und Gase fort." In früheren Zeiten war Sauerkraut in den Wintermonaten die wichtigste Vitamin-C-Quelle.

DAS PRINZIP DES GEMÜSEFERMENTIERENS/ DER MILCHSÄUREGÄRUNG

- Auf der Oberfläche jeder Pflanze leben Milchsäurebakterien, diese Mikroorganismen sind für die Fermentation wichtig.
- Gemüse in Salzflüssigkeit luftdicht in ein Gärgefäß gefüllt, erfährt unter diesen Bedingungen eine ganz besondere Transformation namens Fermentation oder Milchsäuregärung. Denn unter anaeroben Bedingungen, d. h. unter Ausschluss von Sauerstoff, können die Mikroorganismen wie Milchsäurebakterien und Enzyme ihr gutes Werk starten.
- Unter geeigneten Bedingungen setzen die Milchsäurebakterien den Fermentationsprozess in Gang, indem sie sich auf die im Gemüse enthaltenen Kohlenhydrate stürzen und diese verarbeiten. Sobald die ersten Gasbläschen aufsteigen, startet der Gärprozess.
- Für die wertvollen Milchsäurebakterien bedeuten die salzige und sauerstoffarme Umgebung eine absolute Wohlfühloase. In dieser Umgebung werden sie aktiv und sagen unerwünschten Bakterien den Kampf an. Krankmachende Bakterien werden im milchsauren, salzhaltigen Milieu unterdrückt bzw. abgetötet. Denn bei einem pH-Wert von unter 4,5 können schädliche Bakterien nicht überleben.
- Das Tolle an der Milchsäuregärung ist, die guten Bakterien arbeiten fleißig vor sich hin und verwandeln das Gemüse durch

Senfkörner werden in der Lake von fermentiertem Blaukraut angesetzt, bevor daraus ein außergewöhnlicher Senf gemacht wird (siehe Rezept S. 126).

diese Fermentation in ein noch hochwertigeres Lebensmittel. Die Lake schützt den Inhalt zusätzlich vor Bakterien und Keimen.

- Essentiell ist, dass das Gemüse immer von Lake bedeckt ist und nicht an der Oberfläche schwimmt oder Luft abbekommt.
- Je länger der Gärprozess dauert und die Milchsäurebakterien arbeiten, desto mehr Säure wird produziert, d. h., das Gemüse wird durch einen langen Gärprozess immer saurer.
- Wenn keine Gärbläschen mehr aufsteigen und das Gemüse den gewünschten Säuregrad erreicht hat, wird es im Kühlschrank oder im kühlen Keller aufbewahrt.
- Auch kühl gelagert kommt die Milchsäuregärung nicht ganz vollständig zum Stillstand.

WICHTIG! Gesund und lange haltbar

Milchsäurebakterien sind nicht nur ein wertvolles Probiotikum, sondern auch ein natürliches Konservierungsmittel und sorgen somit auch für die Haltbarkeit.

Gesundheitlicher Wert von milchsaurem Gemüse

- Fermentiertes Gemüse ist leichter verdaulich und enthält lebendige Bakterienkulturen. Diese halten den Darm in Schwung und sorgen für eine gute Immunabwehr.
- Bei der Milchsäuregärung wird das Zellgewebe der Pflanze gelockert und Eiweiß zum Teil aufgespalten. Dadurch ist das milchsauer vergorene Produkt leichter verdaulich als sein rohes Ausgangsprodukt. Die blähende Wirkung, die Kohlgemüse meist verursacht, ist im Sauerkraut weitgehend verschwunden.
- Beim Fermentationsprozess entstehen verschiedene Stämme von Probiotika. Diese helfen, die Darmflora aufzubauen und ein gesundes Gleichgewicht der Bakterien im Verdauungssystem zu sichern.
- Gesundheitsfördernde Bakterien, die sich bei der Fermentation vermehren, produzieren Vitamine, wie z. B. Vitamin C oder das Vitamin B12.
- Durch Fermentation entstehen aus den im Gemüse enthaltenen Mineralstoffen milchsaure Salze, welche vom Körper besser aufgenommen werden können.
- „Viel hilft nicht viel." Diese alte Redensart gilt auch beim Verzehr von milchgesäuertem Gemüse. In kleinen Mengen regelmäßig genossen, wirkt sich milchsauer vergorenes Gemüse positiv auf den Organismus aus.
- Kurz gesagt: Fermentiertes Gemüse ist ein Bauch- und Gaumenschmeichler!

HINWEIS! Wertvolle Inhaltsstoffen

Die Nährstoffdichte von fermentiertem Gemüse bringt die moderne Ernährungswissenschaft ins Schwärmen. Gerade in der gemüse- und salatarmen Winterzeit versorgt uns Fermentiertes mit wertvollen Vitaminen, Mineralstoffen, Spurenelementen, natürlichen Enzymen und sekundären Pflanzenstoffen.

Empfehlungen für die Praxis

Gemüse

- Es eignen sich fast alle Gemüsearten, ideal sind solche mit festerer Struktur und geringem Wassergehalt, wie z. B. Weißkraut, Blaukraut, Kohlrabi, Karotten, Karfiol, Radieschen, Süßkartoffeln, Zwiebeln, Lauch, Knoblauch, Sellerie, Rote Rüben, Halm- oder Stoppelrüben, Zucchini, Kürbis, Paprika. Hingegen wird z. B. Grünkohl, Mangold oder Spinat beim Fermentieren leicht matschig. Bei Paradeisern wird das

Ergebnis aufgrund des hohen Wassergehalts meist breiig – eine fermentierte Paradeisersauce ist allerdings einen Versuch wert.

- Auch viele Pilze eignen sich speziell zum Einsäuern im Glas.
- Wird Gemüse im Ganzen verwendet, ist es länger haltbar, braucht aber mehr Gärraum.
- Durch verschiedene Schneidetechniken (z. B. Spiralen mit dem Spiralschneider bei Süßkartoffeln und Rüben oder Sticks mit dem Wellenmesser bei Kohlrabi, Karotten etc.) bringt man tolle Formen ins Fermentierglas.
- Für eine erfolgreiche Gärung auf die optimale Reife- und Erntezeit achten.
- Das Gemüse sollte rasch nach der Ernte in einwandfreier Beschaffenheit verwendet werden.

WICHTIG! Auf die Herkunft achten

Bei der Gemüseauswahl gilt der Grundsatz: Saisonal und regional ist genial!

Gewürze

- Gewürze sind nicht nur Träger von Duft- und Geschmacksstoffen, sondern enthalten auch Mineralstoffe und Spurenelemente.
- Bei Gärungsprozessen erfüllen sie noch eine andere wichtige Funktion: Sie erschweren die Fäulnis.
- Das Salz hat auch die Aufgabe, das Gemüse so lange vor dem Verderben zu schützen, bis sich ausreichend Milchsäure gebildet hat. Durch Pressen bzw. Stampfen und durch den Zusatz von Salz tritt der Zellsaft, der Zucker enthält, schneller aus, d. h., die Milchsäuregärung wird schneller aktiviert. Je besser der Luftabschluss ist, desto weniger Salz muss beigegeben werden.
- Klassische Gewürze sind Dill, Kümmel, Koriander, Kren, Wacholder, Lorbeer, Estragon, Bohnenkraut, Oregano, Thymian, Borretsch, Knoblauch und Zwiebeln. Experimentierfreudige können ihrem fermentierten Gemüse aber auch mit Curry, Kurkuma, Ingwer, Chili, Schwarzkümmel etc. spannende und nicht so alltägliche Aromen verleihen.
- Knoblauch schmeckt nach der Säuerung fast nussartig und verleiht dem Gemüse eine besondere Geschmackskomponente. Zwiebeln und säuerliche Apfelspalten sind ein wertvoller Zusatz bei der Gärung und verfeinern den Geschmack.
- Himbeer-, Brombeer-, Kirsch-, Kren- und Weinblätter sowie die Blätter der Schwarzen Johannisbeere sind reich an lebender Milchsäure und geben dem eingelegten Gemüse überdies einen feinen Geschmack. Das darin enthaltene Tannin sorgt dafür, dass das Gemüse mehr Biss hat.

Fermentierter Wurzelmix: Das „Einstampfen" fördert die Lakebildung. Diese ist wichtig für die Vergärung. © Tobias Schneider-Lenz

WICHTIG! Faustregel

Optimal ist eine Salzkonzentration von 0,5–5 %, d. h., für **1 kg** Gemüse benötigt man **5–50 g Salz.**
Salzlöffel-Orientierungshilfe: 1 EL feines Salz = 15–20 g, 1 TL feines Salz = 5–7 g.

Starthilfen (Gärhilfen)

- Um eine schnellere Gärung für das Anfangsstadium zu erzielen, kann man sogenannte Starthilfen beigeben. Das sind z. B. Molke, Butter- oder Sauermilch, fertiger Sauerkrautsaft oder übrig gebliebene Lake von einer gelungenen Gärung. Starthilfen sind aber grundsätzlich nicht zwingend nötig.

Arbeitsgeräte

- Alle verwendeten Geräte müssen sauber sein.
- Der Krauthobel ist heute noch ein bewährtes Werkzeug zum Schneiden des Krautes.
- Messer und evtl. Reiben müssen scharf sein. Holzbretter und -steine zum Beschweren des Gärguts müssen gründlich mit heißem Wasser abgerieben werden.
- Der Holzstampfer leistet beim Einstampfen von Kraut gute Dienste.
- Geeignete Gefäße: Früher waren es Eichenfässer, heute sind es Gärtöpfe, Weckgläser mit Patent- oder Schraubverschlüssen, spezielle Fermentiergläser mit Gärspund und säurebeständige Plastikbehälter (Wannen, Fässer, Kübel ...).

Gerätschaften zum Haltbarmachen durch Milchsäuregärung. © Tobias Schneider-Lenz

Methoden der Gemüsefermentation

Direktsalzen

Diese Methode eigent sich für robustes Gemüse (Kraut, Wurzelgemüse etc.). Das klein geschnittene bzw. gehobelte Gemüse wird direkt mit Salz und den Gewürzen vermischt. Beim Direktsalzen (Sauerkrautmethode) rechnet man je nach Rezept, Gemüseart und persönlichem Geschmack 5–30 g Salz auf 1 kg Gemüse. Nach dem Salzen wird das Gemüse entweder mit der Hand kräftig geknetet oder mit einem Holzstampfer bearbeitet, um den Zellsaft freizusetzen. Durch den Druck und das Salz wird dem Gemüse der eigene Saft entzogen. Dabei soll so viel Flüssigkeit entstehen, dass das Gemüse, das anschließend in den Gärtopf eingefüllt wird, davon bedeckt ist.Nach dem Einfüllen einige Wein- und/oder Lorbeerblätter auf das Gemüse legen.

WICHTIG! Faustregel

Die Salzkonzentration beim Direktsalzen beträgt 0,5–3 % des Gemüsegewichts.

Laketechnik

Diese Technik wird für eher weiche bzw. wasserreiche Gemüsearten (Gurken) oder Gemüse im Ganzen bzw. in Stücken verwendet. Die Laketechnik wird z. B. für Salzgurken oder Mixed Pickles (bunte Gemüsestücke) angewandt. Das Gemüse wird bei der Laketechnik nicht gestampft, sondern kommt in Stücke geschnitten oder als Ganzes in das Gärgefäß, wobei es möglichst dicht in das Gärgefäß geschichtet und mit der vorbereiteten Salzlake aufgefüllt wird. Bei der Laketechnik rechnet man auf einen Liter Wasser 25–50 g Salz. Für Basislaken (z. B. Buntes Gemüse) reicht meist eine Salzkonzentration von 2,5 %, für Salzgurken empfiehlt sich eine Konzentration von 3,5% bis 4 % und für Kimchi eine Konzentration von ca. 5 %.

WICHTIG! Faustregel

Die Salzkonzentration bei der Laketechnik beträgt 2,5–5 %.

Gärprozess

Das eingefüllte Gemüse muss immer gut mit Lake (Flüssigkeit) bedeckt sein, denn unter Ausschluss von Sauerstoff und in salziger Lake können sich die Milchsäurebakterien perfekt vermehren, unerwünschte Bakterien werden unterdrückt. Sobald die Säuerung durch die Vermehrung der Milchsäurebakterien entsprechend hoch ist, haben schädliche Bakterien keine Chance mehr.

Wichtig ist es, das Gemüse zu beschweren (siehe S. 137 bzw. Bild 7, S. 138), damit es nicht an der Oberfläche schwimmt und kein Sauerstoff dazukommt. Ein luftdichter Abschluss ist für eine gelungene Gärung entscheidend.

Zum Beschweren eigenen sich z. B. spezielle Beschwerungssteine oder schwere Glasdeckel (im Fachhandel erhältlich), mit Wasser gefüllte Gläser oder in reichlich Wasser abgekochte (und derart sterilisierte) Steine (keine Kalksteine). Sehr praktisch sind auch mit Wasser befüllte Gefrierbeutel bzw. Frischhaltebeutel mit Zippverschluss. Wenn man Gemüse in Gläsern fermentieren will, die keinen allzugroßen Durchmesser haben, kann das Gemüse auch mit Hilfe von Holzspateln (in Apotheken erhältlich) sehr gut nach unten gedrückt werden. Die Spatel in Wasser einlegen, damit sie biegsam werden und dann im Glas verkreuzt einspannen und nach unten drücken.

Temperatur

In der ersten Phase des Fermentierens sollten die Gärgefäße bei Zimmertemperatur (18–23 °C) gelagert werden. Nach 2–3 Tagen entwickeln sich je nach Temperatur und

Zerkleinerungsgrad des Gemüses bereits die ersten Gärbläschen. Nach der ersten Gärphase (3–7 Tage) bei Zimmertemperatur und wenn sich der gewünschte Säuerungsgrad entwickelt hat, stellt man das Gärgut an einen kühleren Ort (Keller oder kühler Raum). Hier kann es bei niedrigerer Temperatur (ca. 15–18 °C) noch nachgären bzw. zur perfekten Aromaentwicklung reifen. Richtig abgeschlossen ist der Prozess nach frühestens 10 Tagen (z. B. zerkleinertes Gemüse im Glas), der Gärprozess kann jedoch bis zu 6 Wochen dauern (z. B. Sauerkraut im großen Gärtopf). Abhängig ist die gesamte Fermentationsdauer immer von Gemüseart, Menge, Gärtemperaturen und Aktivität der Bakterien.

Die angegebenen Gärtemperaturen sind durchaus flexibel zu betrachten. Denn die ideale Gärtemperatur ist auch immer von der Gemüseart, dem Grad der Zerkleinerung, der Gemüsemenge im Gärgefäß und der Salzkonzentration abhängig. Je wärmer es ist, desto schneller beginnt der Gärprozess. Bei allzu hohen Temperaturen kann es auch passieren, dass die Milchsäurebakterien zu wenig Zeit haben, um sich gut zu entwickeln – das Ergebnis ist oft ein fades Aroma und ein unausgewogener Säuregehalt. Steht der Gärbehälter aber zu kühl, kann es passieren, dass sich die Milchsäurebakterien nicht schnell genug entwickeln und sich somit unerwünschte Bakterien leichter vermehren können. Bei kleineren Mengen (Gläser) und stark zerkleinertem Gemüse (z. B. gehobeltes Kraut) kommt die Gärung ebenfalls flotter in Schwung. Das hört sich alles sehr kompliziert an, jedoch keine Panik! Vertrauen Sie auf Ihr Gefühl, behalten Sie den Gärtopf besonders in den ersten Tagen im Auge und halten Sie sich so gut wie möglich an die vorgeschlagenen Gärtemperaturen.

Ende des Gärprozesses

Eine ganz genaue Angabe, nach welcher Zeitspanne das fermentierte Gemüse fertig ist, ist nicht möglich. Faktoren wie Gemüseart, Gärtemperaturen und eigene Geschmackspräferenzen sind entscheidend. Für den einen schmeckt das fermentierte Gemüse schon nach 10 Tagen perfekt, andere geben den Inhalt ihres Gärtopfs nicht vor 6 Wochen frei. Welche Gär- und Reifezeit perfekt ist, bestimmen Sie alleine. Wenn Ihre Nase sagt, das riecht angenehm säuerlich, Ihr Mundgefühl verrät, die Konsistenz ist all-dente bis weich und der Gaumen entscheidet, es schmeckt perfekt – dann können Sie zugreifen.

Es gibt kein Gesetz, welches bestimmt, wann das Gemüse fertig ist. Rein technisch gesehen, gilt Gemüse als fermentiert, wenn sein pH-Wert unter 4,5 liegt. Messstreifen, um den pH-Wert zu ermitteln, gib es im Fachhandel oder in Apotheken.

Lagerung und Entnahme

- Wenn der Gärprozess abgeschlossen ist, lagert man kleine Mengen fermentiertes Gemüse am besten in Gläsern im Kühlschrank. Die Lagerung von großen Gärgefäßen sollte im Keller (dunkel) unter 10 °C erfolgen. Den Gärtopf auf keinen Fall täglich öffnen, sondern immer Wochenrationen entnehmen und diese im Kühlschrank in einem geschlossenen Behälter aufbewahren. Das Gärgemüse flach und schichtweise entnehmen, damit keine Grübchen entstehen, die ein rasches Verderben verursachen würden.
- Nach der Entnahme das Gemüse immer gut nach unten drücken und vollständig mit Lake bedecken. Auftretende Kahmhefe, die sich durch die Bildung eines grauweißen Häutchens an der Oberfläche der Lake anzeigt, ist sofort zu entfernen.

Danach das Gärgut mit einer 1%igen Salzlösung bedecken.

- Versehen Sie Gärgefäße immer mit einem Etikett, auf dem das Einlegedatum vermerkt ist, um den Überblick zu bewahren. Bei kühler Lagerung im Keller (bis 10 °C) oder im Kühlschrank ist fermentiertes Gemüse ca. ein halbes Jahr haltbar – oft sogar bis zu einem Jahr. Angebrochene Gläser halten im Kühlschrank 4–6 Wochen.

WICHTIG! Immer wieder kontrollieren

Das Gemüse muss immer gut mit Lake bedeckt (luftdicht) und sauber verschlossen aufbewahrt werden.

Verschiedene Gärgefäße

Steingutgärtopf mit Wasserrille

Durch die wassergefüllte Rille bleibt die sich bei der Gärung bildende Kohlensäure im Topf und verhindert die Bildung von Kahmhefe. Ein Überschuss des Kohlendioxids kann aber durch den Wasserabschluss entweichen. Ein deutliches „Gluck-gluck" zeigt an, dass die Gärung in Gang gekommen ist. Das Wasser in der Wasserrille ist öfter nachzufüllen. Dies gilt besonders innerhalb der ersten 3–4 Wochen während der Gärung. Je vollkommener der Luftabschluss, desto weniger Salz ist notwendig. Im Handel werden für große Mengen Gärfässer aus säurebeständigem Kunststoff mit Wasserrille angeboten.

Offene Gefäße

Bei Steingutfässern oder -töpfen ohne Deckel benötigt man als Abdeckmaterial ein weißes oder farbloses Tuch, einen Holzdeckel oder -brett und einen Stein zum Beschweren, am besten einen Granitstein. Kalk- und Sandsteine oder Betonblöcke sind nicht geeignet, da der Sickersaft den Kalk aus dem Stein lösen und das Sauerkraut geschmacklich verändern würde. Tücher, Bretter und Steine müssen regelmäßig gründlichst gereinigt werden. Auch lebensmittelechte Plastikkübel eignen sich – diese lassen sich z. B. gut mit Tellern beschweren. Wichtig ist auch hier eine Abdeckung.

Konservierungsgläser

Für Fermentier-Einsteiger und kleine Haushalte eignen sich Gläser perfekt als Gärgefäße. Die Füllhöhe beträgt ⁴⁄₅ des Glases. Für ein 1-Liter-Glas benötigt man ca. 600 bis 700 g Gemüse. Es empfiehlt sich, die Gläser in ein Schüssel zu stellen, weil es während der Gärung leicht passieren kann, dass Flüssigkeit aus dem Glas läuft. Wichtig ist auch hier: Beschweren und abdecken (z. B. mit einem mit Wasser gefüllten Tiefkühlbeutel oder einem locker aufgesetzten Deckel).

WICHTIG! Locker verschließen

Achtung: Gläser während der Gärphase nicht fest verschließen, sonst kann es durch das entstehende Kohlendioxid passieren, dass das Glas zerspringt.

Mit Wasser gefüllte Tiefkühlbeutel eigenen sich perfekt zum Beschweren des Garguts. Gläser in eine Schüssel stellen, so wird evtl. auslaufende Flüssigkeit aufgefangen.

© Tobias Schneider-Lenz

Schritt für Schritt zum Sauerkraut im Gärtopf

1

2

3

4

5

6

7

8

Bild 1 und 2: Kraut hobeln

Bild 3: Salz und Gewürze beigeben

Bild 4: kräftig durcharbeiten, bis sich Lake bildet

Bild 5: Kraut dicht einschichten

Bild 6: zwischendurch Weinblätter einlegen

Bild 7: Gewichte einlegen, Kraut muss vollständig mit Lake bedeckt sein

Bild 8: Wasserrille mit Wasser befüllen

Arbeitsablauf für klassisches mildes Sauerkraut im Gärtopf oder Glas

Nach folgendem Grundprinzip können Sie auch jede andere Gemüsemischung Ihrer Wahl milchsauer einlegen. Gewürze, Kräuter und Gärtemperaturen sind je nach Rezept unterschiedlich.

- Einwandfreies Lagerkraut sorgfältig putzen – auch kleine Schmutzteilchen können Fehlgärungen bewirken.
- Zutaten und Geräte bereitstellen, Krautmenge genau abwiegen.
- Äußere, große Krautblätter zum Abdecken beiseitelegen, Strunk herausschneiden und Kraut hobeln **(Bilder 1 und 2)**.
- Am besten in einem Weitling mit dem Salz und den Kräutern vermischen **(Bild 3)**, gut stampfen oder mit den Händen (vorher gut waschen!) durchkneten, bis der Zellsaft sichtbar bzw. zwischen den Fingern spürbar ist **(Bild 4)**.
- Schichtweise Kraut (auch den zerkleinerten Strunk dem Kraut beimengen) in den Gärtopf oder in Gläser drücken **(Bild 5)**.
- Zwischenlagen mit Gewürzen und Apfelscheiben machen und falls gewünscht etwas Buttermilch als Starthilfe beigeben.
- Topf bzw. Gläser zu ⁴⁄₅ füllen.
- Abschließen mit Dillblüten, Krenscheiben und verschiedenen Blättern, z. B. Johannisbeer- oder Weinblätter **(Bild 6)**.
- Die letzte Schicht bilden die grünen, großen Krautblätter.
- Beschwerungssteine einlegen **(Bild 7)**, die Einstampfflüssigkeit sollte diese Steine gut 2 cm bedecken. Bei zu wenig Flüssigkeit mit fertigem Sauerkrautsaft oder 1%iger Salzwasserlösung aufgießen.
- Bei Gläsern 2 Holzspachteln (in der Apotheke erhältlich), die man vorher kurz in heißem Wasser eingeweicht hat, biegen und kreuzweise in das Glas einspannen, damit ein gewisser Druck auf das Gemüse gewährleistet ist. Die Flüssigkeit muss ebenfalls mindestens 2 cm darüberreichen. Gläser mit Tuch oder locker aufgesetztem Deckel abdecken.
- Beim Gärtopf Deckel aufsetzen und in die Wasserrille Wasser einfüllen **(Bild 8)**.
- 2–3 Tage bei einer Temperatur von ca. 20–22 °C stehen lassen.
- 2–3 Wochen bei ca. 15 °C stehen lassen.
- Danach im Keller oder im Kühlschrank kalt stellen (bei ca. 0–10 °C). Nach 4–6 Wochen ist das Sauerkraut fertig.
- Beim Gärtopf laufend das Wasser in der Wasserrille kontrollieren! Bei Bedarf auffüllen!

TIPP! Faustregel

Für **1 kg Kraut** benötigt man **5–8 g Salz**, für einen 10-Liter-Gärtopf rechnet man 5–8 kg Kraut, für ein 1-Liter-Glas ca. 600–700 g Kraut oder Gemüse.

TIPPS! Ideen für Sauerkrautvariationen

- Pro kg Kraut 1–2 säuerliche geraffelte oder blättrig geschnittene Äpfel oder/und Zwiebelringe dazumischen.
- Rosa Sauerkraut erhält man durch die Beigabe von Roten Rüben oder Blaukraut.
- Für buntes Kraut Porreeringe, Gemüsefenchelscheiben, geraspelte Karotten oder Gelbe Rüben beigeben.
- Auch beim Würzen darf man sich ruhig an neue Geschmacksvarianten trauen. Ob Knoblauch, Koriander, Chili, Kren, Curry, Kurkuma, Kreuzkümmel, Neugewürz, Schwarzkümmel, Zitronenschale oder Kräuter (Dill, Bohnenkraut, Thymian usw.) – erlaubt ist, was schmeckt!

REZEPTE FÜR MILCHSAUER VERGORENES GEMÜSE

BLAUKRAUT MIT ZWIEBELN UND ÄPFELN

1 kg Blaukraut
2 große Zwiebeln
3–4 säuerliche Äpfel
5–8 g Salz
2 EL Kümmel
2 Lorbeerblätter
10 Wacholderbeeren
etwas Butter- oder Sauermilch als Starthilfe
evtl. Sauerkrautsaft oder Salzwasserlösung zum Auffüllen
Krautblätter zum Abdecken

Kraut putzen, einige Blätter beiseitelegen. Kraut, Zwiebeln und Äpfel fein hobeln. In einer Schüssel mit Salz, Kümmel, Lorbeerblättern, Wacholderbeeren und einem Schuss Buttermich vermischen.

Alles gut durchkneten, bis der Zellsaft austritt. Die Gemüsemasse in Gläser drücken (nur zu ⁴⁄₅ füllen), beschweren und abdecken. Alles muss gut mit Lake bedeckt sein. Sollte zu wenig Flüssigkeit entstehen, mit etwas Sauerkrautsaft oder 1%iger Salzlösung aufgießen. Gärtemperaturen- und -dauer siehe Sellerie-Karotten-Apfel-Mischung, S. 141.

SELLERIE-KAROTTEN-APFEL-MISCHUNG

400 g Sellerie
400 g Karotten
5–8 g Salz
400 g säuerliche Äpfel
etwas Butter- oder Sauermilch als Starthilfe
2 Lorbeerblätter
1–2 Gewürznelken
1 TL Senfkörner
1 TL Koriander
Dill, Estragon, frische Kräuter nach Geschmack
evtl. etwas Sauerkrautsaft oder 1%ige Salzwasserlösung
Dillblüten, Krenscheiben und Krautblätter

Sellerie und Karotten gründlich reinigen, feinnudelig schneiden oder grob raspeln, einsalzen und in einem größeren Gefäß gut durchdrücken oder stampfen. Äpfel schälen und hobeln. Gemüse und Äpfel schichtweise in vorbereitete Gläser drücken. Zwischen den Lagen je 1 TL Butter- oder Sauermilch und Gewürze sowie Kräuter geben. Gläser zu 4/5 füllen. Bei zu wenig Eigenflüssigkeit Sauerkrautsaft oder eine kalte, 1%ige Salzwasserlösung darübergießen. Mit Dillblüten, Krenscheiben und Krautblättern abdecken. Mit zwei Holzspachteln Gärgut festspannen. Der Saft muss 2 cm über dem Krautblatt stehen. Gärtemperatur: Die ersten 3–5 Tage bei 18–22 °C. Die nächsten 10–14 Tage bei 15–18 °C und zuletzt bei 8–10 °C (Keller) lagern. Dieses Gemüse ist nach ca. 3 Wochen genussfertig, Sie können es aber auch schon früher kosten.

▸ REZEPTTIPP

Diese Mischung kann je nach Menge ebenso in größeren Gärbehältern hergestellt werden.

ROTE RÜBEN MIT KREN UND ÄPFELN

1 kg Rote Rüben
3 säuerliche Äpfel
5–8 g Salz
2–3 EL geriebener Kren
2 EL Kümmel
2 Knoblauchzehen
6 Gewürznelken
2 Lorbeerblätter
4–6 Pfefferkörner
etwas Butter- oder Sauermilch als Starthilfe
evtl. Sauerkrautsaft oder Salzwasserlösung zum Auffüllen
Krautblätter zum Abdecken

Die Roten Rüben schälen und grob raspeln oder blättrig hobeln. Die Äpfel samt Schale grob raspeln und zusammen mit den Rüben, Salz, Kren, Kümmeln, grob gehacktem Knoblauch, Nelken, Lorbeerblättern, Pfefferkörnern und einem kleinen Schuss Buttermilch in einer großen Schüssel gut durchkneten, bis der Zellsaft austritt. Die Gemüsemasse in Gläser drücken (nur zu 4/5 füllen), beschweren und abdecken. Alles muss gut mit Lake bedeckt sein. Sollte zu wenig Flüssigkeit entstehen, mit etwas Sauerkrautsaft oder 1%iger Salzlösung aufgießen. Gärtemperaturen und -dauer siehe Sellerie-Karotten-Apfel-Mischung (oben).

▸ REZEPTTIPP

Nach dieser Rezeptur können Sie auch Goldrüben fermentieren.

MILCHSAURE SALZGURKEN

2 kg Einlegegurken
einige Krenscheiben
4 Lorbeerblätter
1 Bund Dill
4 Borretschblätter
1 Zweig Estragon
1 EL Neugewürz
1 EL Senfkörner
1 EL Pfefferkörner
1 l Wasser
40–50 g Salz
Weinblätter zum Abdecken

Gurken waschen, abbürsten und abtrocknen. Größere Gurken mit einem Spieß oder Zahnstocher mehrmals anstechen. Kren in Scheiben schneiden. Gurken und Krenscheiben in weite Gläser oder Steinguttöpfe schichten. Dazwischen Kräuter und Gewürze einstreuen. Wasser mit Salz aufkochen und abkühlen lassen. Dann über die Gurken gießen (müssen zwei Finger hoch bedeckt sein), mit Weinblättern abdecken und beschweren. Bei 18–20 °C 3–5 Tage gären lassen. Dann an einem kühleren Ort (unter 18 °C) noch 10–14 Tage fermentieren lassen. Dann an einem noch kühleren Ort (ideal unter 15 °C) weitere 10–14 Tage fermentieren lassen. Nach Abschluss der Säuerung am besten zwischen 0–10 °C kalt stellen.

RUSSENKRAUT IM GÄRTOPF

2 kg Weißkraut
1 kg grüne Tomaten
500 g Sellerie
500 g Karotten
500 g Gelbe Rüben
je 2 rote und grüne Paprika
500 g Zwiebeln oder Porree
30–40 g Salz
1 Bund Dill
3 Dillblüten
2 Zweige Estragon
3 Zweige Bohnenkraut
5 Lorbeerblätter
6 gehackte Knoblauchzehen
4 EL Senfkörner
1 EL Koriander
1 EL Wacholderbeeren
etwas Butter- oder Sauermilch und Sauerkrautsaft als Starthilfe
einige Krenscheiben oder 1 Krautblatt
evtl. Sauerkrautsaft oder 1%ige Salzwasserlösung

Weißkraut, grüne Tomaten, Sellerie, Karotten und Gelbe Rüben hobeln. Paprika in Streifen schneiden und Zwiebeln oder Porree in feine Ringe schneiden. Gemüse salzen, Kräuter und Gewürze beigeben, mischen und gut durchdrücken, bis der Saft spürbar wird. Schichtweise in den Gärtopf hineindrücken. Buttermilch und Sauerkrautsaft zwischen die Schichten geben. Mit Krenscheiben oder einem Krautblatt abdecken und beschweren, die Flüssigkeit sollte über dem Stein stehen. Falls zu wenig Eigenflüssigkeit vorhanden ist, mit etwas Sauerkrautsaft oder Salzwasserlösung aufgießen. Wasser in die Rille des Gärtopfes gießen. Gärtemperatur: 2–3 Tage bei 20–22 °C, 2–3 Wochen bei ca. 15 °C, danach bei 0–10 °C lagern. Das Russenkraut ist nach 6 Wochen fertig, eine längere Lagerung intensiviert jedoch den Geschmack. Für weitere Mischungen aus verschiedenen Gemüsen sind der Phantasie und dem Geschmack keine Grenzen gesetzt.

KAUKASISCHES KRAUT

6 kg kleine feste Weißkrautköpfe
1 kg grüne Tomaten
500 g Sellerie
300 g rote Zwiebeln
3 rote Paprika
10 Knoblauchzehen
5–6 Krenscheiben und einige Krautblätter
2,5 l Wasser
70 g Salz
1 EL Pfefferkörner
1 EL Senfkörner
etwas Selleriegrün
2 Zweige Estragon
2 Zweige Bohnenkraut
einige Dillblüten
4 Lorbeerblätter
2 EL Kümmel
1 EL Wacholderbeeren

Kraut vierteln, den Strunk herausschneiden. Restliches Gemüse feinnudelig schneiden oder hobeln und mit dem Kraut vermischen. Fest in den Gärtopf drücken. Für den Sud alle angegebenen Zutaten aufkochen und handwarm abkühlen lassen. Den Sud über das Gemüse gießen, mit Krenscheiben und Krautblättern abdecken. Beschwerungssteine hineingeben, diese müssen gut mit Sud bedeckt sein. Gärtemperaturen siehe Russenkraut.

FISOLEN-KAROTTEN-MISCHUNG

700 g blanchierte Fisolen
300 g Karotten
5–8 g Salz
2 Zweige Bohnenkraut
1 Zweig Estragon
Dillkraut und -blüte
1 EL Senfkörner
5 Korianderkörner
2 Lorbeerblätter
etwas Butter- oder Sauermilch als Starthilfe
evtl. Sauerkrautsaft oder Salzwasserlösung zum Auffüllen
Krautblätter zum Abdecken

Fisolen in ca. 1 cm große Stücke schneiden. Karotten grob raspeln oder nudelig schneiden. Nun das Gemüse mit Salz, Kräutern, Gewürzen und einem Schuss Buttermilch vermischen. Gut durchmischen, bis Flüssigkeit entsteht. Die Gemüsemasse bis zu ⅘ in Gläser drücken, beschweren und abdecken. Alles muss gut mit Lake bedeckt sein. Sollte zu wenig Flüssigkeit entstehen, mit etwas Sauerkrautsaft oder 1%iger Salzlösung aufgießen. Gärtemperaturen und -dauer siehe Sellerie-Karotten-Apfel-Mischung, S. 141.

TIPP! Fermentiertes Gemüse weiter veredeln

Fermentiertes Gemüse wie z. B. Sauerkraut, Blaukraut oder eine Wurzelgemüsemischung kann man auch trocknen. Es schmeckt genial und kann einfach so geknabbert oder fein vermahlen als außergewöhnliches Würzmittel für Aufstriche, Dips oder Suppen verwendet werden. Und so geht´s: Fermentiertes Gemüse in einem Sieb gut abtropfen lassen und im Dörrapparat oder im Backofen bei max. 50 °C trocknen. Das getrocknete fermentierte Gemüse im Ganzen oder vermahlen in Schraubverschlussgläsern aufbewahren.

MILCHSAURE HALMRÜBEN

5 kg Halmrüben
40–50 g Salz
4–5 EL Kümmel
Krautblätter zum Abdecken

Rüben hobeln oder feinnudelig schneiden. Einsalzen und den Kümmel untermischen. Fest in den vorbereiteten Gärtopf drücken. Mit Krautblättern abdecken und Beschwerungssteine aufsetzen. Die Flüssigkeit muss ca. 2 cm über dem Gemüse stehen. Bei zu wenig Flüssigkeit mit 1%iger Salzlösung auffüllen. Gärtemperaturen und -zeiten siehe Russenkraut, S. 142.

© Tobias Schneider-Lenz

MILCHSAURES KÜRBIS-FENCHEL-GEMÜSE

2,5 kg geschältes Kürbisfleisch
1 kg Zucchini
1 kg Fenchel
1 kg säuerliche Äpfel
35–45 g Salz
2 EL Senfkörner
1 TL gemahlenes Neugewürz
4 Lorbeerblätter
4 EL gehackter Dill
500 ml Molke
wenn möglich, milchgesäuerter Saft als Zusatz
einige Krenscheiben und Krautblätter zum Abdecken

Kürbis, Zucchini, Fenchel und Äpfel hobeln oder mit der Küchenmaschine in Streifen schneiden. Einsalzen, Gewürze und Kräuter beigeben und fest durchdrücken. Die Mischung schichtweise mit der Molke in den Gärtopf einfüllen und festdrücken, sodass so wenig Hohlraum wie möglich entsteht. Mit der entstandenen Lake auffüllen, bei Bedarf mit milchgesäuertem Saft oder 1%iger Salzlösung ergänzen. Beschweren und die Gärtemperaturen und -zeiten wie beim Rezept Sellerie-Karotten-Apfel-Mischung auf S. 141 beschrieben einhalten.

▸ REZEPTTIPP

Wenn anstelle des Knollenfenchels Tomaten verwendet werden, ergibt auch das eine feine Kombination!

© Tobias Schneider-Lenz

WÜRZIGES KIMCHI

2 l Wasser
100 g Salz
1 großer Chinakohl
1 Karotte
1 kleines Stück Rettich (ca. 40 g)
1 Zwiebel oder 3–4 Frühlingszwiebeln
2–3 Knoblauchzehen
ca. 1 EL Chiliflocken
1–2 EL gehackter Ingwer
einige Weinblätter zum Abdecken

Chinakohl waschen, halbieren, den Strunk entfernen, Chinakohl in eine Schüssel geben. Für die Lake Salz mit Wasser verrühren, bis sich das Salz vollständig aufgelöst hat **(Bild 1)**, dann den Chinakohl mit der Lake übergießen und mit einem mit Wasser gefüllten Tiefkühlbeutel beschweren **(Bild 2)**, mit einem Tuch abdecken und am besten über Nacht (mindestens 6 Stunden) bei Zimmertemperatur in der Salzlake ziehen lassen. Danach Lake abgießen (Achtung: Lake nicht wegschütten!) und Chinakohl gut abtropfen lassen.

Inzwischen Karotte und Rettich raspeln, Zwiebel bzw. Frühlingszwiebeln und Knoblauch fein hacken, alle Zutaten bis auf den Chinakohl und die aufgefangene Lake in eine Schüssel geben und gut vermischen.

Vom abgetropften Chinakohl 1–2 der äußeren Blätter zum Abdecken beiseitelegen, den restlichen Chinakohl in mundgerechte Stücke oder in Streifen schneiden, mit den Zutaten in der Schüssel gut vermischen und durchkneten **(Bild 3)**. Das Gemüse nun schichtweise in ein großes Glas füllen und gut zusammenpressen **(Bild 4)** – es sollen keine Luftlöcher bleiben.

Mit der vom Einweichen des Chinakohls beiseitegestellten Lake übergießen **(Bild 5)**, mit Weinblättern bedecken, beschweren und locker abdecken. In eine Schüssel stellen, damit evtl. überlaufende Lake aufgefangen wird **(Bild 6)**.

Bei Zimmertemperatur (18–23 °C) 3–7 Tage gären lassen. Dann an einem kühleren Ort noch 1–2 Wochen fermentieren. Fertiges Kimchi in kleinere Gläser füllen und im Kühlschrank aufbewahren.

TIPP! Asiatischer Klassiker

Was für uns Sauerkraut ist, ist für die Koreaner Kimchi. Diese milchsauer vergorene Spezialtität aus Korea ist in jüngster Zeit auch in unseren Breiten sprichwörtlich in aller Munde. Je nach Saison und Familienrezept (angeblich hat jeder koreanische Haushalt eines) variiert die Zusammensetzung.

Schritt-für-Schritt zum selbst gemachten Kimchi

Bild 1: Salzlake anrühren

Bild 2: Chinakohl in Salzlake legen

Bild 3: alles gut durchkneten

Bild 4: einfüllen und gut zusammendrücken

Bild 5: mit Lake übergießen

Bild 6: beschweren und fermentieren lassen

HALTBARMACHEN DURCH SALZ

Etwa um 10.000 v. Chr. begann vermutlich die regelmäßige Verwendung von Salz; das belegen archäologische Funde und spätere schriftliche Überlieferungen.

Salz war lange Zeit ein begehrtes Handelsgut und stand deshalb auch oft im Mittelpunkt von bewaffneten Auseinandersetzungen. Da es nicht überall verfügbar war, musste es transportiert werden. Große Handelswege der Vergangenheit waren vielfach Salzwege, und der Begriff der „Salzstraße" ist etwa 3.000 Jahre alt.

Als der Kühlschrank noch nicht in jedem Haushalt Einzug gehalten hatte, war Salz wichtig für die Konservierung von Lebensmitteln. Schon die Römer machten sich die Methode des Einsalzens zur Haltbarmachung von Oliven, Meeresfrüchten und Käse zunutze. Heute ist zwar das Einsalzen von Lebensmitteln zur Verlängerung der Haltbarkeit längst nicht mehr so verbreitet und auch nicht mehr notwendig, aber diese Methode wird noch immer häufig praktiziert.

PRINZIP DES EINLEGENS IN SALZ

Kochsalz (Natriumchlorid) hat in konzentrierter Form eine konservierende Wirkung auf Lebensmittel, weil es Wasser bindet und somit Mikroorganismen die Lebensgrundlage entzieht. Zur Keimhemmung ist eine Salzkonzentration von 6–8 % notwendig.

Vorteile des Einlegens in Salz

- Einsalzen ist eine arbeitssparende und einfache Form des Haltbarmachens.
- Eingesalzenes Wurzelgemüse und Kräuter sind ausgezeichnete, schnell zur Verfügung stehende Würzmittel für Suppen, Saucen, Knödel, Teigwaren, Marinaden und Bratenstücke.
- In Salz eingelegtes Wurzelgemüse und Kräuter binden sehr gut den Geschmack und das Aroma.

Nachteile des Einlegens in Salz

- Der Salzanteil ist sehr hoch, deshalb müssen manche in Salz eingelegte Lebensmittel vor der Verwendung gewässert werden. Dadurch kann es zu Verlusten von wertvollen Inhaltsstoffen und Geschmack kommen.
- Nicht empfehlenswert bei Personen mit Bluthochdruck und solchen, die eine natriumarme Diät einhalten müssen.

Empfehlungen für die Praxis

- Geeignet sind erntefrisches Wurzelgemüse und Kräuter.
- Je nach Verfügbarkeit und persönlichen Vorlieben kann man seine ganz eigenen Salz-Würzmischungen kreieren.
- Das gereinigte Gemüse am besten durch eine mittelgroße Scheibe des Fleischwolfs drehen oder fein schneiden.
- Die Kräuter mit einem scharfen Messer oder einem Wiegemesser fein hacken.
- Zu beachten ist, dass das Gemüse und die Kräuter völlig trocken sind, denn durch das Einsalzen in feuchtem Zustand wird die Haltbarkeit beeinträchtigt.
- Das küchenfertig vorbereitete Gemüse oder die Kräuter anschließend mit der entsprechenden Menge Salz gut vermischen, damit es gut eindringen kann.
- Geeignete Gefäße sind Gläser mit Schraub- oder Bügelverschluss und Steinguttöpfe.
- Das vorbereitete Gemüse oder die Kräuter möglichst eng in die gut gereinigten und trockenen Gefäße schichten.
- Zum besseren Luftabschluss die Oberfläche mit Öl oder einer Schicht Salz bedecken.
- In Salz Eingelegtes kühl und dunkel lagern!
- Der Inhalt kann ohne Weiteres nach und nach verbraucht werden. Zu beachten ist dabei, dass das Gefäß nach jeder Entnahme wieder mit dem entsprechenden Verschluss oder mit Pergamentpapier oder Zellophan verschlossen wird.
- Der hohe Salzgehalt muss bei der Verwendung in der Küche beachtet werden. Gerichte, die mit Eingesalzenem zubereitet werden, sparsam salzen und erst bei Bedarf nachwürzen!

TIPP! Faustregel

150 g Salz auf **1 kg Gemüse oder Kräuter.**

REZEPTE FÜR KRÄUTER UND GEMÜSE IN SALZ

KRÄUTERWÜRZE FÜR SUPPEN UND SAUCEN

200 g Petersilie
150 g Liebstöckel
150 g Kohlblätter
150 g Lauch
150 g rote Zwiebeln
100 g Tomatenschalen
evtl. Pilze
ca. 150 g Salz
etwas Öl zum Bedecken

Küchenfertig vorbereitete Zutaten fein hacken und mit Salz gut vermischen. In Gläser eng einschichten, festdrücken, mit einer dünnen Schicht Öl bedecken und verschließen.

KRÄUTER IN SALZ

je 200 g Petersilie, Schnittlauch, Basilikum
100 g Kerbel
100 g Estragon
100 g Liebstöckel
100 g Borretsch
120–150 g Salz

Kräuter küchenfertig vorbereiten, fein hacken und gut mit Salz vermischen. Die Mischung fest in vorbereitete Gläser drücken und verschließen.

WURZEL-KRÄUTER-MISCHUNG IN SALZ

250 g Petersilien- oder Pastinakenwurzeln
250 g Lauch
200 g Sellerie
150 g Karotten
150 g Gelbe Rüben
evtl. rote Zwiebeln
etwas Petersilie, Selleriegrün und Liebstöckel
150 g Salz
etwas Öl zum Bedecken

Gemüse küchenfertig vorbereiten. Die Mischung mit einem scharfen Messer zerkleinern oder mit dem Schneidevorsatz (grobe oder mittlere Größe) der Küchenmaschine raspeln bzw. durch den Fleischwolf drehen. Alle Zutaten mit Salz gut vermischen. In saubere Gläser oder einen Steinguttopf einschichten, festdrücken und mit einer dünnen Ölschicht abschließen. Mit Zellophan, Pergamentpapier oder Schraubdeckel verschließen.

Salbei-Pesto
Salbei-Pesto
grünes
Spargelpesto

HALTBARMACHEN IN ÖL

Besonders in den Mittelmeerländern wird seit altersher Gemüse in Öl, meist Olivenöl, eingelegt. Mithilfe dieser Methode können viele Spezialitäten und Würzmittel mit interessanten Geschmacksnuancen entwickelt werden. In unseren Breiten ist das Einlegen von Gemüse in Öl nicht gebräuchlich. Bekannt ist aber die Konservierung von Fleisch in Schweinefett, um Austrocknungserscheinungen zu unterbinden. Das Einlegen von Gemüse, Kräutern und Pilzen in Öl ist eine einfache Methode des Haltbarmachens, die den Anforderungen der modernen Küche entspricht.

EINLEGEN VON GEMÜSE IN ÖL

Das Prinzip des Einlegens in Öl

In wasserfreiem Öl ist kein Wachstum von Mikroorganismen mehr möglich. Lebensmittel, die in eine ausreichende Menge Öl eingelegt werden, sind somit vor Mikroorganismen geschützt. Da lebensmitteleigene Verderbnisvorgänge aber nicht verhindert werden, schützt das Einlegen in Öl nur begrenzte Zeit. Auch hier ist für eine längere Haltbarkeit die Kombination mit anderen Verfahren notwendig. Beispiele dafür sind das Trocknen von Kräutern und Gemüse, das Vorkochen in Essigsud oder das Beimengen von Salz.

Vorteile des Einlegens in Öl

- In Öl eingelegte Gemüse und Kräuter sind individuelle Geschenke aus der kreativen Küche.
- Aroma, Inhaltsstoffe und Farbe werden so ursprünglich wie möglich erhalten und zum Teil noch intensiviert.
- Einlegeöl ist ein besonders aromatisches Würzmittel für Salate, Saucen und Marinaden.
- In Öl eingelegtes Gemüse lässt sich, je nach Zusammenstellung, hervorragend als Beigabe für Fleisch und Fisch vom Grill verwenden.
- Das Aroma von einigen Kräutern (z. B. Bärlauch) wird in Öl besser erhalten als beim Trocknen oder Gefrieren.

Nachteile des Einlegens in Öl

- Vorgetrocknete Produkte saugen Öl auf, sodass sich der Energiewert entsprechend erhöhen kann.
- Eine relativ teure Konservierungsart bei der Verwendung von hochwertigen Ölen.

Empfehlungen für die Praxis

- Nur frische Zutaten von bester Qualität verarbeiten.
- Geschmacksneutrale Öle eignen sich am besten für Kräuter- und Gemüsearten mit hohem Eigengeschmack.
- Geschmacksintensive Öle (besonders kalt gepresste Öle), wie Olivenöl, Distelöl, Rapsöl usw., müssen mit dem Grundprodukt harmonieren, z. B. italienische Gemüsemischung (Paprika, Zucchini, Auberginen, Tomaten) mit Olivenöl.
- Bei hochwertigen kalt gepressten Ölen ist die begrenzte Haltbarkeit zu berücksichtigen.
- Alle Arbeitsgeräte und Gefäße (Gläser, Steinguttöpfe, Flaschen) müssen vor Gebrauch mit einer heißen Spülmittellösung gründlich gewaschen und mit viel klarem Wasser nachgespült werden. Sauberkeit ist besonders wichtig.
- Gemüse oder Kräuter dem Rezept entsprechend vorbereiten, z. B. zerkleinern und blanchieren. Anschließend für die Weiterverarbeitung gut abtropfen lassen.
- Öl und Lebensmittel abwechselnd einfüllen und dicht schichten. Im Öl dürfen sich keine Luftblasen bilden.
- Die Lebensmittel müssen stets mit Öl bedeckt sein (ca. 2 cm), damit es zu keinem Schimmelbefall kommt.
- Die fertigen Produkte möglichst kühl, dunkel und gut verschlossen lagern. Die Haltbarkeit beträgt 3–4 Monate. Durch Beigabe von Salz wird sie erhöht.
- Beim Entnehmen immer darauf achten, dass das übrige Gemüse wieder vollständig und mindestens fingerdick mit Öl bedeckt ist.
- Ist das Gefäß leer, kann das Öl in der Küche weiterverwendet oder erneut zum Einlegen herangezogen werden.

TIPP! Gefäße

Am besten eignen sich dunkel gefärbte Gläser oder Flaschen mit entsprechendem Verschluss. Empfehlenswert sind Steinguttöpfe.

© Mona Lorenz

REZEPTE FÜR GEMÜSE UND PILZE IN ÖL

Wenn Sie die Grundregeln für das Einlegen in Öl beachten, können Sie nach eigenen Geschmacksvorlieben Ihre persönlichen „Schmankerln" herstellen.

PILZE IN ÖL

1 kg festfleischige Pilze (Eierschwammerln, kleine Steinpilze oder Champignons)
1 rote Zwiebel
Salz
1 EL gehackte Petersilie
bunte Pfefferkörner
3–4 Lorbeerblätter
je 1 Zweig Rosmarin und Thymian
ca. 750 ml Sonnenblumenöl

Pilze putzen und nach Wunsch ganz lassen oder halbieren. Anschließend in etwas heißem Öl andünsten. In große Spalten geschnittene Zwiebel kurz mitdünsten.

Die Pilz-Zwiebel-Mischung mit Salz würzen und mit den restlichen Zutaten bis auf die Kräuter und das Öl vermischen. In vorbereitete Gläser füllen, Kräuterzweige am Glasrand einstecken und mit Öl auffüllen (die Pilze müssen vollständig bedeckt sein). Gläser luftdicht verschließen und kühl und dunkel lagern.

▸ REZEPTTIPP

Kurz angebraten sind die eingelegten Pilze eine Köstlichkeit zu Carpaccio, Rohschinken, Terrinen, Pasteten und natürlich zu bunten Blattsalaten. Kräuterinnovationen wie z. B. Steinpilzthymian oder Pilzkraut bereichern diese Rezeptur.

AUBERGINEN IN ÖL

3 kg Auberginen
Salz
5 Knoblauchzehen
ca. 1 l Öl
1 TL Zucker
1 EL getrocknetes Basilikum
je 1 EL getrockneter Oregano und Thymian
bunte Pfefferkörner
3–4 Muskatblüten

Auberginen waschen und trocken tupfen. Stängelansatz abschneiden, die Auberginen anschließend halbieren und in Scheiben schneiden. Lagenweise mit Salz bestreuen, abdecken und 30 Minuten ziehen lassen. Die Auberginen kurz abbrausen und trocken tupfen. Knoblauch schälen, fein hacken und in wenig Öl andünsten. Die Auberginen nach und nach in diesem Öl gut anbraten (wenn nötig, immer wieder ein bisschen vom restlichen Öl zugeben). Das Gemüse in einer großen Schüssel mit den restlichen Gewürzen mischen und in die vorbereiteten Gläser füllen. Das restliche Öl über die Auberginen gießen, damit das Gemüse vollständig bedeckt ist.

▸ REZEPTTIPP

Nach diesem Rezept können Sie auch eine Mischung aus einem Teil Auberginen, einem Teil Zucchini und einem Teil gelbem und/ oder rotem Paprika herstellen.

LETSCHO

500 g Tomaten
1 kg grüne, rote und gelbe Paprika
3 Zwiebeln
5 Knoblauchzehen
5 EL Öl
Salz
frisch gemahlener Pfeffer
Estragon, Basilikum, Thymian
Oliven- oder Sonnenblumenöl zum Abschließen

Gewaschene Tomaten an der glatten Oberseite kreuzweise einschneiden, blanchieren, schälen und vierteln. Gewaschene Paprika in Streifen schneiden. Grob gewürfelte Zwiebeln und in Scheiben geschnittenen Knoblauch in heißem Öl anlaufen lassen und mit den Paprikastreifen halbweich dünsten. Tomaten beifügen, pikant würzen und das Letscho fertig garen. In saubere Gläser füllen und mit einer dicken Ölschicht abschließen. Kühl und dunkel aufbewahren.

EINGELEGTER KNOBLAUCH

6–7 ganze Knoblauchknollen
ca. 500 ml Öl (Raps-, Sonnenblumen-, Olivenöl etc.)
frische Thymian- und Oreganozweige
1 Lorbeerblatt
5 Neugewürzkörner

Den Backofen auf 200 °C vorheizen. Inzwischen die Außenhaut der Knoblauchknollen leicht entfernen. Die ungeschälten Knollen in Öl schwenken, sodass sie mit einem Ölfilm bedeckt sind. In Alufolie einwickeln und gut verschließen. Die Knoblauchknollen so verpackt 20–30 Minuten im Backofen garen, bis sie ganz weich sind. Die etwas abgekühlten ungeschälten Knollen zusammen mit den Kräutern und dem Neugewürz in ein passendes Glas schichten und mit Olivenöl auffüllen. Das Glas verschließen und bis zum Genuss mindestens 3 Wochen durchziehen lassen.

▸ REZEPTTIPP

Eine originelle Geschenkidee für Knoblauchliebhaber. Schmeckt ausgezeichnet zur Jause.

© Andrej Sheldunov

HINWEIS! Die ganze Knolle

Bei dieser Rezeptur werden die Knollen inklusive Schale eingelegt. Beim Verzehr drückt man die weich und mürbe gewordenen Knoblauchzehen aus der Schale raus. Ideal ist für diese Zubereitung ganz junger, frisch geernter Knoblauch, weil dieser noch eine ganz dünne, feine Schale besitzt. Das Einlege-Öl eignet sich perfekt zum Aromatisieren von Gerichten, die nach einem Hauch Knoblauch verlangen.

Knoblauchzehen können in Essig und/oder Öl eingelegt werden. Sie lassen sich mit der Laketechnik (siehe S. 134) auch wunderbar fermentieren. Zitronenzesten und -saft sowie rosa Pfefferbeeren verfeinern das Aroma.

BUNTER PAPRIKA MIT KNOBLAUCH

2 kg bunte Paprika (rot, gelb, grün)
500 ml Öl (Raps- oder Sonnenblumenöl etc.)
2 EL Salz
frisch gemahlener Pfeffer
6 in Scheiben geschnittene Knoblauchzehen
1 TL frischer Thymian
½ TL Rosmarin
2 EL Balsamicoessig
500 ml Weißweinessig
125 ml Weißwein
125 ml Wasser

Paprika waschen, halbieren, Stielansätze und Samenkerne entfernen. Im vorgeheizten Ofen bei 220 °C so lange backen, bis die Haut braun wird und sich leicht abziehen lässt. Kurz abkühlen, dann häuten und jede Hälfte der Länge nach durchschneiden. Etwas Öl in einer weiten Pfanne erhitzen und die Paprikastücke darin nach und nach anbraten. Dabei immer wieder etwas Öl hinzugießen. Wenn die gesamte Paprikahälften alle angebraten sind, das ganze restliche Öl hinzufügen. Mit Salz und frisch gemahlenem Pfeffer würzen, die Knoblauchscheiben und Kräuter dazugeben Mit den beiden Essigsorten, Weißwein und Wasser aufgießen und kurz aufkochen lassen. Die Paprikastücke in Gläser einschichten. Flüssigkeit darübergießen und sofort verschließen. Am nächsten Tag den Sud nochmals abgießen, aufkochen und abgekühlt über die Paprika gießen. Die Gläser verschließen und kühl und dunkel aufbewahren.

GETROCKNETE TOMATEN IN ÖL

2 kg kleine rote Tomaten
2–3 Pfefferoni
getrocknetes Basilikum
getrockneten Oregano
Kräutersalz
einige getrocknete Knoblauchscheiben
ca. 750 ml Öl (Raps- oder Olivenöl etc.)

Tomaten waschen, abtrocknen und so halbieren, dass die Hälften noch zusammenhängen. Die Tomaten im elektrischen Dörrapparat, im Backofen (50 °C Heißluft) oder an sehr heißen Tagen im Freien trocknen (siehe Rezept S. 31), sie müssen aber innen noch weich sein. Die Innenflächen mit einem kleinen Stück Pfefferoni, Kräutersalz, Kräutern und etwas Knoblauch würzen und zusammenklappen. Dicht übereinander in saubere Gläser schichten, mit Öl bedecken. Zur Aromabildung 3 Wochen kühl und dunkel lagern.

WÜRZKRÄUTER- UND WÜRZMISCHUNGEN IN ÖL

Durch die Herstellung von speziellen Würzkräuterzubereitungen, so genannten Pasten oder Pestos, können Sie den typischen Kräutergeschmack und das Aroma in konzentrierter Form haltbarmachen. Diese Würzkräuter- und Würzmischungen verleihen vielen Gerichten den „Tupfen auf dem I".

TIPPS! Vielfalt

- Durch Verwendung von verschiedenen Ölen, Nüssen und Salzarten entstehen immer wieder neue Geschmacksrichtungen.
- Durch verschiedene Kräuter- und Kräutermischungen oder durch die Beigabe von Blüten können wunderbare Eigenkreationen entstehen.

Empfehlungen für die Praxis

- Die Kräuter mit einem scharfen Messer zerkleinern, mit Öl und Salz gut vermischen und mit einem leistungsstarken Mixaufsatz oder Cutter mit scharfem Schneidewerk mixen. Bei schlechtem Schneidewerk können bei einigen Kräutern Gerb- oder Bitterstoffe austreten und somit den typischen Geschmack zerstören.
- Für eine bessere Haltbarkeit immer Salz bei der Herstellung verwenden.
- Bei der Verwendung von Pasten und Würzmischungen in der Küche benötigen Sie dementsprechend weniger Salz als üblich.
- In kleine, am besten dunkle Gläser abfüllen, kühl und dunkel lagern.
- Die Haltbarkeit beträgt ca. 1 Jahr. Die begrenzte Haltbarkeit von kalt gepressten Ölen ist aber zu berücksichtigen!
- Haltbarkeit und Farbintensität werden auch durch die Beigabe von Zitronensäure erhöht.
- Nach dem Öffnen in den Kühlschrank stellen und rasch verbrauchen.
- Kräutermischungen in Öl werden zum Würzen von Salaten, Saucen, Suppen, verschiedenen Gemüse-, Fleisch-, Fisch- und Teigwarengerichten verwendet.

TIPP! Mit „Putz und Stingl"

Pesto kann auch aus zartem Karottengrün, scharf-würzigen Radieschenblättern oder aromatischem Fenchelgrün hergestellt werden. Solo oder in Kombination mit anderen Zutaten lässt sich so manches Gemüse „vom Blatt bis zur Wurzel" verwerten.

REZEPTE FÜR WÜRZKRÄUTER UND WÜRZMISCHUNGEN IN ÖL

GRUNDREZEPT FÜR KRÄUTERPASTEN

100 g erntefrische Kräuter
100 ml geschmacksneutrales Öl
5–9 g Salz
evtl. 1 g Zitronensäure

Die Kräuter mit einem scharfen Messer zerkleinern, mit Öl und Salz sowie evtl. Zitronensäure gut vermischen und mit einem leistungsstarken Mixaufsatz oder Cutter mit scharfem Schneidewerk mixen.

CHILIPESTO

250 g erntefrische Chilis
1 roter Paprika
je 1 gestrichener EL Kümmel, Kreuzkümmel, Korianderkörner
1 TL Senfkörner
6 geschälte Knoblauchzehen
1 EL geröstete Pinienkerne
ca. 150 ml Oliven- oder Rapsöl
40 g geriebener Hartkäse
1 EL Mostessig
1 TL Salz
frisch geriebener Pfeffer

Die Chilis und Paprika waschen, halbieren und die Samen entfernen. In heißem Wasser nur ganz kurz blanchieren und abtropfen lassen. Die Gewürze ohne Fett in der Pfanne unter ständigem Rühren anrösten, bis sie zu duften beginnen, und auskühlen lassen. Gemüse, Knoblauchzehen, geröstete Gewürze und Pinienkerne mit Öl im Mörser oder Cutter zu einer Paste verarbeiten. Den Hartkäse und einen Spritzer Mostessig untermengen und mit Salz und Pfeffer abschmecken In vorbereitete kleine Gläser abfüllen, mit Öl bedecken und verschlossen kühl lagern.

▸ REZEPTTIPP

Die Schärfe der Paste richtet sich nach den verwendeten Chilis. Macht Fleischspeisen oder Marinaden besonders würzig.

KLASSISCHES ITALIENISCHES BASILIKUMPESTO

1 Bund erntefrisches Basilikum
2 Knoblauchzehen
1–2 EL Pinienkerne
ca. 125 ml Olivenöl oder Rapsöl
40 g frisch geriebener Hartkäse
Salz
frisch gemahlener Pfeffer

Basilikum waschen, abtropfen und die Blätter von den Stielen entfernen, die geschälten Knoblauchzehen fein hacken. Die Pinienkerne in der Pfanne trocken unter ständigem Schwenken zart rösten, damit sich der Geschmack entfaltet, und auskühlen lassen. Basilikum, Knoblauch und Pinienkerne gemeinsam mixen oder mörsern. Nun das Öl und den frisch geriebenen Hartkäse dazugeben und würzen.

In kleine Gläser abfüllen, das Pesto soll mit Öl bedeckt sein.

▸ REZEPTTIPP

Dieses klassische Pesto passt wunderbare zu Pasta, Saucen, Salaten und vielem mehr. Nach jeder Verwendung immer wieder mit Öl bedecken und kühl stellen.
Feine Abwandlungen dieser Grundrezeptur sind ein **Petersilienpesto**, ein würziges **Rucolapesto** oder ein **Rucola-Kresse-Pesto** (siehe Foto S. 165).
Durch die Verwendung von verschiedenen Ölen, Nüssen oder Kräutermischungen können immer wieder neue Geschmacksrichtungen entwickelt werden.

PESTO VOM GRÜNEN SPARGEL

250 g grüner Spargel
ca. 160 ml Raps- oder Sonnenblumenöl
3 EL geröstete Walnüsse
3 EL geriebener Hartkäse
Salz
frisch gemahlener Pfeffer

Frischen Spargel im unterem Drittel schälen und die unteren Enden abschneiden. Spargel in Stücke schneiden, in Salzwasser kurz blanchieren, kalt abschrecken und gut abtropfen lassen. In einem Mixbecher mit den übrigen Zutaten zu einer cremigen, aber nicht allzu feinen Masse pürieren. Abschmecken, in kleine Gläser füllen, mit einer Schicht Öl abdecken, verschließen und kühl und dunkel lagern.

Für eine längere Haltbarkeit den Hartkäse weglassen.

SALBEIPESTO

70 g Salbeiblätter
30 g Petersilienblätter
ca. 1 TL Salz
geriebene Schale einer Zitrone
ca. 125 ml Raps- oder Traubenkernöl

Salbei- und Petersilienblätter mit einem Messer grob vorschneiden. Mit Salz, Zitronenschale und Öl mit dem Stabmixer oder im Cutter fein pürieren. In kleine Gläser füllen, mit etwas Öl abdecken und verschließen. Kühl aufbewahren.

▸ REZEPTTIPP

Schmeckt mit gerösteten Nüssen und geriebenem Hartkäse perfekt zu Gnocci, Pasta, gebratener Leber oder als Fülle für Kalbsschnitzel. Wer es nicht so „salbei-intensiv“ mag, kann einen Teil Salbei durch Minze ersetzen und somit eine zusätzliche frische Kräuternote in dieses köstliche Pesto zaubern.

© Mona Lorenz

TOMATEN-BASILIKUM-PESTO

150 g getrocknete Tomaten in Öl (Rezept siehe S. 158)
1 Bund Basilikum
50 g frisch geriebener Hartkäse
2 EL Pinienkerne oder geschälte Mandeln
2–3 Knoblauchzehen
ca. 150 ml Olivenöl oder Rapsöl, Salz
frisch gemahlener Pfeffer

Die Tomaten in einem Sieb abtropfen lassen und grob schneiden, die Basilikumblättchen vom Stängel zupfen und den Parmesan reiben. Die Pinienkerne bzw. die Mandeln in der Pfanne sachte zur besseren Aromabildung trocken rösten, danach auskühlen lassen. Den Knoblauch schälen und grob hacken.

Tomaten, Knoblauch, Basilikum, Nüsse nun im Standmixer oder Mörser zerkleinern. Geriebenen Käse und Öl untermengen und mit Salz und Pfeffer abschmecken. In kleine Gläser abfüllen – das Pesto muss mit Öl bedeckt sein. Kühl aufbewahren.

▸ REZEPTTIPPS

Dieses Pesto ist ein weiterer Klassiker aus der italienischen Küche. Herrlich für Nudelgerichte, als Zutat für Salatmarinaden, für Brotaufstriche und vieles mehr. Wer es scharf mag, kann auch etwas Chili dazugeben oder mit Chilipfeffer würzen.
Werden getrocknete Tomaten ohne Öl verwendet, so wird aus etwas Wasser und einem Löffel Weißweinessig ein Sud aufgekocht. Die Tomaten darin ca. 10 Minuten ziehen lassen. Anschließend herausnehmen, trocken tupfen und kalt weiterverarbeiten.

ROTE-RÜBEN-PESTO

250 g gekochte Rote Rüben
2 EL geschälte, geröstete Hasel- oder Walnüsse
2 Knoblauchzehen
1 TL Rosmarinnadeln
ca. 100 ml mildes Raps- oder Sonnenblumenöl
etwas geriebene Schale von einer unbehandelten Zitrone und von einer unbehandelten Orange
1 EL Zitronensaft
1 EL Orangensaft
1 TL Salz
frisch gemahlener Pfeffer
50 g geriebener Hartkäse

Rote Rüben schälen und in Würfel schneiden, Knoblauch hacken und mit Rosmarin in etwas Öl anbraten und überkühlen lassen. Nun mit den übrigen Zutaten in einen Mixbecher geben und grob mixen.

In kleine Gläser füllen, mit einer Ölschicht abschließen, Gläser verschließen, kühl und dunkel lagern.

▸ REZEPTTIPP

Schmeckt sehr gut zu Spaghetti oder Penne. Diese werden durch das Pesto rosa gefärbt. Dieses Pesto ist auch ein feiner Dip oder schmeckt wunderbar auf geröstetem Brot. Für eine längere Haltbarkeit den Hartkäse weglassen und erst vor Verwendung des Pestos beigeben.

BASILIKUMPASTE

100 g Basilikumblätter
6 g Salz
1 g Zitronensäure
100 ml Öl

Basilikumblätter waschen, trocken tupfen und fein hacken. Mit Salz, Zitronensäure und Öl so lange gut verrühren, bis sich das Salz vollständig aufgelöst hat. Die Basilikumpaste in kleine Gläser füllen und verschließen. Dunkel und kühl aufbewahren.

Diese Paste kann auch in einem Mixer mit scharfem Schneidewerk zubereitet werden. Dazu Basilikumblätter grob vorhacken und mit den übrigen Zutaten im Mixer kurz durchmixen.

▸ REZEPTTIPP

Basilikumpaste ist ein Geheimtipp für alle Basilikumfans. Schmeckt herrlich zu Schaf- oder Ziegenkäse mit Tomaten, Spaghetti mit Knoblauch, als Salat- und Suppenwürze und zu vielem mehr.

KRÄUTERPASTE FÜR FISCHGERICHTE

30 g Petersilie
30 g Dill
15 g Fenchelgrün
15 g Kerbel
10 g Liebstöckel
7 g Salz
100 ml Öl

Zubereitung siehe Basilikumpaste, oben.

BÄRLAUCH- ODER WILDKRÄUTERPESTO

2 Handvoll Bärlauch oder Wildkräuter (Brennnessel, Bärenklau, junger Giersch) 80–100 g Sonnenblumen- bzw. Kürbiskerne oder Walnüsse
ca. 150 ml Sonnenblumen- oder Rapsöl
60 g frisch geriebener Hartkäse
Salz und Pfeffer
evtl. etwas Galgant oder Ingwer

Den Bärlauch bzw. die Wildkräuter waschen, gut trocknen. Die Kerne bzw. Nüsse in der Pfanne trocken rösten und grob reiben. Bärlauch bzw. Kräuter und Nüsse mit dem Öl im Cutter fein mixen, geriebenen Hartkäse dazugeben und mit Salz und Pfeffer und eventuell Galgant oder Ingwer würzen. In vorbereitete Gläser füllen und mit Öl bedecken. Kühl und dunkel lagern.

▸ REZEPTTIPP

Eine wunderbare Möglichkeit, den Frühling einzufangen. Schmeckt sehr gut zu jungen Erdäpfeln in der Schale und zu Gemüse, ist aber auch als Zutat für Aufstriche und pikante Saucen und vielem mehr geeignet. Nach diesem Grundrezept lässt sich auch Pesto aus Vogelmiere oder Zitronenmelisse herstellen.

TIPP! Variationen

Besonders edel schmeckt ein **Bärlauch-Walnuss-Pesto**. Dafür Walnussöl verwenden, den Walnussanteil verdoppeln und die Bärlauchmenge halbieren. Für ein feines **Brennnesselpesto** nur junge zarte Spitzen verwenden und diese vor der Weiterverarbeitung kurz blanchieren. Ein **Minzpesto** passt perfekt zu Fisch und Meeresfrüchten sowie zu mediterranen Gemüsegerichten. Als Zutaten harmonieren Pistazien, etwas geriebene Orangenschale und eine kleine Chilischote sehr gut. Für die asiatische Küche und Gemüsegerichte ist ein **Korianderpesto** sehr edel, wofür Koriandergrün, Pinienkerne, etwas geriebene Zitronenschale und eine kleine Chilischote verwendet werden.

KNOBLAUCHPASTE I

4 große Knoblauchknollen
1 TL Salz
100 ml Raps- oder Sonnenblumenöl etc.

Die ungeschälten Knoblauchknollen im Backofen bei 200 °C ca. 30 Minuten backen. Anschließend die weichen Knoblauchzehen aus der Schale herausdrücken und zusammen mit Salz und Öl pürieren. In kleine Gläser füllen, gut verschließen und kalt und dunkel lagern.

KNOBLAUCHPASTE II

100 g geschälter Knoblauch
7 g Salz
100 ml Öl

Knoblauch ganz fein hacken oder durch den Fleischwolf drehen. Mit Salz und Öl gut verrühren oder kurz durchmixen. In Gläser füllen, verschließen und kühl und dunkel lagern.

▸ REZEPTTIPP

Verleiht Gerichten, die nach einem Hauch von Knoblauch verlangen, einen sensationellen Geschmack!

Quattro Stagioni
Knoblauchpaste I
Wildkräuter Pesto
Rucola-Kresse Pesto
Knoblauch-paste

KÜRBISKERNPESTO

150 g grob geriebene Kürbiskerne
3 fein gehackte Knoblauchzehen
50 g frisch geriebener Hartkäse
150 ml Kürbiskernöl (oder die Hälfte Rapsöl)
Salz und frisch gemahlener Pfeffer

Die Kürbiskerne in der heißen Pfanne zur besseren Aromaentfaltung trocken rösten und abkühlen lassen. Die Zutaten vermengen, abschmecken und in kleine Gläser füllen. Achten Sie darauf, dass das Pesto gut mit Öl bedeckt ist.

▸ REZEPTTIPPS

Dieses Grundrezept lässt sich wunderbar zu **Kürbiskern-Basilikum-Pesto, Kürbiskern-Petersilien-Pesto** oder zu **Kürbiskern-Rucola-Pesto** variieren. Jeweils einen Bund des gewünschten Kräutels dazugeben. Schmeckt genauso perfekt mit gerösteten Walnüssen oder Haselnüssen.
Alle Variationen schmecken herrlich zu italienischer Küche (für Nudelgerichte das Pesto mit ein paar Esslöffeln Nudelwasser verrühren, so verteilt sich das Pesto leichter), zu delikatem Fisch oder Gemüsesulzen, Aufstrichvariationen und Vollwertgerichten.
Für eine längere Haltbarkeit kann man einfach den Hartkäse in der Rezeptur weglassen und erst zu den Speisen frisch geriebenen Käse dazugeben.

GEMÜSEPASTE

100 g Gemüse nach eigener Wahl (z. B. Karotten, Lauch, Tomaten, Sellerie, Paprika, Liebstöckel)
6 g Salz
1 g Zitronensäure
100 ml Öl

Gemüse putzen, wenn nötig schälen und durch den Fleischwolf drehen. Mit Salz, Zitronensäure und Öl gut verrühren oder kurz durchmixen. In Gläser abfüllen und verschließen.

▸ REZEPTTIPP

Zum Würzen von Suppen, Saucen, Salaten, Nudel-, Gemüse- oder Pilzgerichten.

FRÜHLINGSKRÄUTERMISCHUNG

40 g Bärlauch
30 g blanchierte Brennnesselblätter
20 g Petersilie
10 g Sauerampfer
7 g Salz
100 ml Öl

Zubereitung siehe Basilikumpaste, S. 163.

▸ REZEPTTIPP

Eine praktische Art, Frühlingskräuter haltbar zu machen. Verwendung für Suppen, Saucen, Salate, Gemüse- und Nudelgerichte.

LIEBSTÖCKELPASTE

100 g Liebstöckelblätter
6 g Salz
ca. 100 ml Raps- oder Sonnenblumenöl

Zubereitung siehe Basilikumpaste, S. 163.

▸ REZEPTTIPP

Diese herzhaft kräftige Würzpaste ist ein Muss für „Maggikraut"-Fans. Die Würze kann vielfältig für Aufstriche, Suppen, Saucen, Nudelgerichte und vieles mehr eingesetzt werden. Eine Köstlichkeit ist Liebstöckelbutter. Dazu einfach weiche Butter ganz schaumig rühren und mit etwas Liebstöckelpaste würzen. Fertig ist die ulitamive Würzbutter, einfach zum Aufstreichen aufs Brot oder zum Verfeinern von Gerichten.

ITALIENISCHE MISCHKRÄUTERPASTE

30 g Basilikum
25 g Oregano
15 g Thymian
15 g Rosmarin
10 g Liebstöckel
5 g Salbei
7 g Salz
100 ml Olivenöl

Zubereitung siehe Basilikumpaste, S. 163.

▸ REZEPTTIPP

Für „Italienfans", die gerne einen Hauch von südlichem Kräuteraroma in ihre Speisen zaubern wollen. Ein aromatisches Würzmittel für Vorspeisen, Teigwaren, Suppen, Saucen, bunte Salatvariationen und Pizzen.

KRÄUTERPASTE FÜR SALAT

20 g Zitronenmelisse
20 g Petersilie
20 g Dill
20 g Kerbel
10 g Estragon
10 g Basilikum
7 g Salz
100 ml Öl

Zubereitung siehe Basilikumpaste, S. 163.

▸ REZEPTTIPP

Zum Verfeinern und Würzen von Salatdressings und -marinaden. Mit Ihren Lieblingskräutern können Sie Ihre persönliche Salatkräutermischung herstellen.

KRÄUTERPASTE FÜR FLEISCHGERICHTE

25 g Petersilie
25 g Basilikum
20 g Majoran
10 g Estragon
10 g Thymian
10 g Rosmarin
7 g Salz
100 ml Öl

Zubereitung siehe Basilikumpaste, S. 163.

▸ REZEPTTIPP

Ein Geheimtipp für alle Fleischliebhaber. Ideal für Grillgerichte, zum Braten und zum Verfeinern von Saucen.

BÄRLAUCHPASTE

100 g Bärlauch
6 g Salz
1 g Zitronensäure
100 ml Öl

Zubereitung siehe Basilikumpaste, S. 163.

KRÄUTER- UND GEWÜRZÖLE MIT GETROCKNETEN KRÄUTERN

Mit Kräutern und Gewürzen aromatisierte Öle verleihen vielen Gerichten eine spezielle Note. Eine Reihe von diesen aromatisierten Ölen wird im Handel angeboten, sie lassen sich jedoch auch leicht zu Hause herstellen. Bei selbst angesetzten Kräuterölen können Sie herrliche Düfte und Aromen Ihrer Wahl einfangen.

Empfehlungen für die Praxis

- Für angesetzte Aromaöle, bei denen die Kräuter und andere Geschmackszutaten im Öl bleiben, sollten diese immer getrocknet sein (im Gegensatz zu Kräuter-Essenzölen, siehe S. 171), Kräuterpasten und Kräuter- und Blütenessigen.
- Sehr gut eignen sich Kräuter, die einen geringen Flüssigkeitsanteil aufweisen, wie z. B. Rosmarin, Salbei, Thymian, Bohnenkraut oder Lorbeer. Hier reicht es auch, wenn die Kräuterzweige einige Stunden angetrocknet werden (müssen nicht vollständig durchgetrocknet sein). Bei der Verwendung von frischen Kräutern mit sehr hohem Wassergehalt (z. B. Schnittlauch) kann es sein, dass sich das Öl nach einiger Zeit eintrübt. Diese Trübung beeinträchtigt nicht die Qualität, jedoch ist eine etwaige Trübung ein kleiner Schönheitsfehler.
- Besondere Geschmacksnuancen ergeben sich auch mit rotem oder grünem Basilikum, Minzearten, Melissearten, Oregano, Estragon, Ysop, Dillblüten ...
- Bei Gewürzsamen, wie z. B. Fenchel, Anis, Kümmel oder Koriander, wird das Aroma durch kurzes, trockenes Anrösten in der Pfanne intensiviert.
- Zur Geschmacksverbesserung und als Blickfang können bunte Pfefferoni, Chili, getrocknete Pilze, getrocknetes Wurzelgemüse, getrocknete Tomaten, Knoblauchzehen (mit oder ohne Schale), Wacholder- oder bunte Pfefferkörner, Neugewürz, Fenchel, Gewürznelken, Zimtstangen, Kar-

damom, Sternanis, getrocknete Scheiben oder Schalen von unbehandelten Zitronen, Orangen oder Limonen verwendet werden.

- Kalt gepresste Öle eignen sich besonders zum Ansetzen von Aromaölen, die für Salate, kalte Saucen oder zum Beträufeln spezieller Gemüse- oder Fleischvorspeisen verwendet werden. Besonders zu beachten ist die begrenzte Haltbarkeit, daher nur kleine Mengen ansetzen (raffinierte und hitzebeständige Öle sind besonders geeignet als Grill- und Bratenöle und für spezielle Fondues; diese Öle sollten innerhalb eines Jahres aufgebraucht werden).
- Kräuter und sonstige Geschmacksbeigaben müssen immer ausreichend mit Öl bedeckt sein, damit sie nicht schimmeln.
- Aromaöle immer kühl, trocken und vor Sonnenlicht geschützt lagern.

© Mona Lorenz

TIPP! Faustregel

Um die Haltbarkeit des Öls zu verlängern, kann Salz hinzugefügt werden. Sofern nicht ohnehin Salz als Zutat angegeben ist, gilt: **1 l Öl + ½ TL Salz.** Sehr dekorativ ist grobes Salz.

REZEPTE FÜR KRÄUTER- UND GEWÜRZÖLE MIT GETROCKNETEN KRÄUTERN

PIKANTES GEWÜRZÖL

2 EL grobes Salz
2 Zweige getrocknetes Basilikum
2 Zweige getrockneter Rosmarin
2 kleine Gewürzpfefferoni
2 Knoblauchzehen
1 TL bunte Pfefferkörner
ca. 1 l Öl

Grobes Salz mithilfe eines Trichters in zwei Halbliter-Flaschen einfüllen. Pfefferoni halbieren und entkernen, Kräuter, Pfefferonihälften, geschälte Knoblauchzehen und Gewürze ebenfalls in die Flaschen geben. Mit Öl auffüllen und die Flaschen verschließen.

▸ **REZEPTTIPPS**

Sehr dekorativ ist rotes Basilikum.

STEINPILZÖL

2 EL grobes Salz
1 TL bunte grob zerstoßene Pfefferkörner
4–5 EL getrocknete Steinpilze
1 getrocknetes Salbeiblatt
2 Thymianzweige
1 Rosmarinzweig
1–2 Knoblauchzehen
750 ml Öl Ihrer Wahl

Mit Salz vermischte Pfefferkörner mithilfe eines Trichters in die Flasche einfüllen. Pilze, Kräuter und Knoblauch einschichten und mit Öl aufgießen. Verschließen und 2–3 Wochen durchziehen lassen.

▸ REZEPTTIPP

Eignet sich für Wildcarpaccio, kurz gebratenes Wild, zum Verfeinern von speziellen Suppen, Saucen und Salaten.

AROMATISCHES KRÄUTERGEWÜRZÖL

2 EL grobes Salz
2 Zweige getrocknetes Bohnenkraut
2 Zweige getrockneter Estragon
2 Zweige getrocknete Dillblüten
4 Knoblauchzehen
Senfkörner
Neugewürz
Wacholderbeeren
rote getrocknete Tomatenschalen
2 Scheiben unbehandelte getrocknete Zitronen oder Limonen
ca. 1 l Öl

Zubereitung siehe Pikantes Gewürzöl, S. 169.

▸ REZEPTTIPP

Wunderbar für Salatvariationen aller Art.

BASILIKUM-KNOBLAUCH-ÖL

1 Tasse gerebeltes, getrocknetes Basilikum
6 ungeschälte Knoblauchzehen
500 ml Olivenöl

Basilikum und Knoblauch in Öl ansetzen und 2–3 Wochen durchziehen lassen.

▸ REZEPTTIPPS

Anstelle von Basilikum kann auch frischer Bärlauch (ca. 5 Blätter) verwendet werden. Er muss nach 3–4 Wochen entfernt werden, da sonst der Geschmack zu intensiv wird. Besonders schön ist dieses Öl, wenn Sie die Knoblauchzehen auf einem Holzspieß aufspießen und einige Zweige getrocknetes Basilikum in das Öl geben.

WÜRZIGES GRILLÖL

je 2 EL Rosmarin und Estragon
1 EL getrockneter Majoran
½ TL Salbei
1 getrocknete, fein geschnittene Chilischote
3 gehackte Knoblauchzehen
1 EL edelsüßes Paprikapulver
1 TL Currypulver
500 ml hitzebeständiges Öl

Die Kräuter und Gewürze in Öl ansetzen und 1–2 Wochen durchziehen lassen.

▸ REZEPTTIPP

Das Grillgut darin am besten über Nacht marinieren lassen.

FEURIGES CHILIÖL

2 EL grobes Salz
3–4 getrocknete Chilischoten im Ganzen
4 Wacholderbeeren
4 Neugewürzkörner
1 Lorbeerblatt
250 ml Öl

Salz mithilfe eines Trichters in eine schöne Flasche füllen. Chilischoten mit den restlichen Gewürzen einlegen. Mit Öl auffüllen und verschließen. Nach 2 Wochen abseihen.

▸ REZEPTTIPP

Wer es besonders scharf und feurig liebt, kann die Chilischoten auch in der Flasche belassen.

GRÜNE KRÄUTER-ESSENZÖLE AUS FRISCHEN KRÄUTERN

In der Naturküche der Jahreszeiten mit viel frischem Gemüse und Kräutern und hochwertigen Fleisch- und Fischgerichten ist das Spiel von Aromen und Essenzen ein wesentlicher Bestandteil. Kräuteröle aus frischen Kräutern sind in der Top-Gastronomie absolut angesagt, weil sie Gerichten noch den letzten geschmacklichen und optischen Kick geben. Kein Wunder, denn Aromen sind vorwiegend fettlöslich, und bei dieser Herstellungsart wird die Essenz und die Farbe der Kräuter wie bei kaum einer anderen Zubereitungsart transportiert. Durch das Erhitzen und anschließende rasche Abkühlen werden Geschmack und Farbe stabilisiert und eine höhere Haltbarkeit erreicht.

© Mona Lorenz

Empfehlungen für die Praxis

- Als Basisöle empfehlen sich hitzebeständige neutral schmeckende Öle wie z.B. Raps-, Sonnenblumen- oder Traubenkernöl. Ideal sind auch Öle mit nicht zu starker Färbung, denn durch zu starke Eigenfarbe des Öls kommt die erwünschte satte Farbe der Kräuter nicht mehr so zur Geltung.
- Geeignet sind fast alle Garten- und Wildkräuter. Ob Sie nun eine Öl-Essenz aus Zitronenverbene, Fichtenwipferln, Liebstöckel, Estragon, Brennnessel, Petersilie, Giersch, Duftblüten oder Koriandergrün herstellen, ist Geschmackssache. Auch Asiasalate lassen sich in solchen Öl-Essenzen veredeln.
- Durch die Beigabe von Spinat kann man eine sehr intensive grüne Färbung erzielen.
- Etwas Zitronensaft oder eine Prise Ascorbin- oder Zitronensäure helfen, die Farbe zu stabilisieren.
- Die intensiven Kräuter-Essenzöle werden punktuell zur fertig angerichteten Speise platziert und verstärkten oder heben gewünschte Aromen hervor.
- Je nach hergestelltem Öl peppt man verschiedene Speisen mit einem Hauch dieser Aromabomben auf (z. B. Wildschinken mit Preiselbeerschaum und einem Hauch Fichtenwipferlöl oder Gemüseschaumsuppe mit Liebstöckelöl, Pasta mit Basilikumöl, Fischgerichte mit Dillöl oder ein fluffiges Dessert mit einem Kick Minzeöl.)
- Für Öle (Minzöl, Zitronenmelissenöl etc.), die z. B. für süße Speisen verwendet werden, reicht eine Prise Salz als Beigabe.

GRUNDREZEPT

100 g frische Kräuter
ca. 150 ml Öl, ½ TL Salz

Kräuter grob hacken und zusammen mit Öl und Salz in einem Standmixer oder mit einem starken Stabmixer 2–4 Minuten ganz fein pürieren. In einen Topf geben und auf 50–80 °C erhitzen. Bei robusten Kräutern mit geringem Wassergehalt (Lorbeer, Thymian, Rosmarin, Bohnenkraut etc.) wählt man höhere Temperaturen (70–80 °C). Für zarte Kräuter wie (Schnittlauch, Petersilie, Bärlauch etc.) reicht ein Erhitzen auf 50 °C. Sobald die Temperatur (mit Küchenthermometer kontrollieren) erreicht ist, die Öl-Kräutermasse sofort vom Herd nehmen. Durch ein ganz feines Haarsieb, durch ein Passiertuch oder einen Kaffee- bzw. Teefilter passieren. Achtung: Nicht zu stark pressen, da sonst feste Partikel durchrutschen und das Öl eintrüben können. Das gefilterte Öl in Flaschen füllen und ganz

rasch abkühlen (das funktioniert am besten in Eiswasser oder gleich im Tiefkühler).

▸ REZEPTTIPPS

Größere Mengen bevorratet man am besten im Tiefkühler (Haltbarkeit ca. 3 Monate). Kleinere Mengen idealerweise im Kühlschrank lagern (möglichst kurz, damit Geschmack und Farbe erhalten bleiben). Passierte Kräuterreste in Eiswürfelformen einfüllen und einfrieren. So hat man schnell aromatische Kräuternuggets zum Verfeinern von Gerichten parat.

ALKOHOLISCHES MIT KRÄUTERN UND BLÜTEN

Ob blumig-mild, herb-kräftig oder aromatisch-fein – hausgemachte Liköre bzw. Ansatzschnäpse erfreuen sich größter Beliebtheit.

Mit aromatischen Gartenkräutern, duftenden Blüten oder feinen Wildkräutern lassen sich raffinierte „hochgeistige" Kompositionen herstellen.

ANSATZSCHNÄPSE UND LIKÖRE

Die Natur bietet jede Menge Rohstoffe für neue Likörkreationen. Die Gerb- und Bitterstoffe von Kräutern regen den Appetit an und fördern die Verdauung. Der nachfolgende Rezeptteil soll zum Ausprobieren und Experimentieren anregen. Welches „Schnapserl" sich zur persönlichen Hausmarke entwickelt, hängt von Ihren individuellen Geschmacksvorlieben ab. Wir wünschen viel Spaß beim Ausprobieren und gutes Gelingen. Zum Wohle!

Empfehlungen für die Praxis

Auswahl der Kräuter

- Geeignete Gartenkräuter: Hier gilt der Grundsatz: „Erlaubt ist, was schmeckt!" Einige beliebte „Schnapskräuter" aus dem Garten sind Salbei, Zitronenmelisse, Minzearten, Thymian, Rosmarin, Weinraute, Duftsalbeiarten oder sogar Liebstöckel/Maggikraut (Liebstöckelschnaps ist eine Spezialität in Kärnten).
- Geeignete Blüten sind Rosenblüten, Indianernesselblüten, Holunderblüten, Löwenzahnblüten, Ringelblumenblüten, Duftgeranienblüten (inkl. Blätter), Duftveilchen, Schlüsselblumen, Rotkleeblüten, Schafgarbenblüten, Mädesüßblüten, echtes Labkraut, Hopfenblüten.
- Geeignete Wildkräuter sind Beifuß, Gundermann, Brennnessel, Giersch, Wegerich usw.
- Wild-, Küchen-, Duftkräuter oder Blüten für Ansatzschnäpse nur an sonnigen Tagen ernten.

Auswahl des Ansatzalkohols

- Ideal sind neutral schmeckende Spirituosen, wie z. B. Korn, Wodka oder ein guter Obstbrand. Brände mit intensivem Aroma und Eigengeschmack überdecken leicht das ursprüngliche Kräuteraroma.
- „Billige" scharfe Schnäpse sollten nicht verwendet werden, da sie das Kräuteraroma verfälschen.
- Der Alkoholgehalt der verwendeten Brände sollte nicht unter 40 Vol.-% liegen. Je

höher der Alkoholgehalt, desto besser ist die Haltbarkeit des Ansatzschnapses.

- Cognac, Weinbrand, Rum, Armagnac oder Wein wird in geringen Mengen gerne zur Verfeinerung und Geschmacksabrundung beigegeben.

Zuckerzugabe

- Die Zuckermenge kann je nach persönlichen „Süßungsvorlieben" individuell abgeändert werden.
- Wenn das Süßungsmittel gleich zu Beginn zugesetzt wird, ist es empfehlenswert, die Menge eher vorsichtig zu dosieren, denn es kann noch immer nachgesüßt werden. Zusätzlich in den ersten 14 Tagen die Gläser möglichst täglich zum besseren Lösen der Süßungsmittel und Inhaltsstoffe schütteln.
- Da sich Zucker oder Honig in hochprozentigem Alkohol eher schlechter lösen, ist es empfehlenswert, diese vor der Beigabe in etwas Quellwasser bzw. abgekochtem Wasser, Fruchtsaft oder Wein aufzulösen (kurz aufkochen lassen).
- Neben Kristallzucker werden zur besonderen Geschmacksabrundung gerne auch weißer oder brauner Kandiszucker, Voll- oder Braunzucker oder Honig verwendet werden.

Geschmacksverfeinernde Zutaten

- Gewürze (Vanilleschote, Zimt, Nelken, Sternanis etc.) und Aromen (Zitronen- oder Orangenschalen, Orangenblüten etc.) können bei der Likörherstellung individuell hinzugegeben werden.
- Speziell bei Kräuterlikören gilt der Grundsatz: Weniger ist mehr! Denn sehr intensive Gewürze, wie z. B. Sternanis, übertönen den Geschmack sehr leicht, sodass das eigentliche Kräuteraroma in den Hintergrund tritt.
- Gewürze werden gleich zum Ansatz hinzugefügt oder man kocht sie meist in etwas Flüssigkeit (Wein, Most, Wasser, Fruchtsaft) gleich zusammen mit dem Süßungsmittel. Dieser Gewürzsud wird dann kalt zum Likör dazugeben.

Ansatz

- Ideale Behältnisse zum Ansetzen sind große Gurkengläser oder Bügelverschlussgläser.
- Ansätze nicht in die direkte Sonne stellen. Durch UV-Strahlen kann die Farbe leicht kippen. Viele ätherische Öle vertragen direktes Sonnenlicht nicht und es kann auch zu unerwünschten Geschmacksnoten kommen. Ein Platz bei Zimmertemperatur reicht vollkommen. Den Ansatz nie im kühlen Keller reifen lassen. Hier ist die Temperatur zu niedrig – durch zu niedrige Temperaturen können die Aroma- und Inhaltsstoffe nicht gut ausgelaugt werden.

TIPP! Immer beschriften!

Beim Ansetzen die Gläser immer mit Inhalt und Herstellungsdatum kennzeichnen.

Fertigstellung

- Nach einer Reifezeit von ca. 6–8 Wochen wird der fertige Likör vor dem Abfüllen gefiltert (z. B. durch einen Kaffeefilter) oder durch ein mit einem Baumwolltuch ausgelegtes Haarsieb geseiht.
- Anschließend mit einem Trichter in schöne Flaschen oder Karaffen füllen. Lichtgeschützt lagern.
- Kräuterliköre sind ca. 2 Jahre haltbar – durch zu lange Lagerung verlieren sie allerdings ihr Aroma.

REZEPTE FÜR ANSATZSCHNÄPSE UND LIKÖRE AUS KRÄUTERN

„WILDKRÄUTER SCHNAPSERL“

¾ l Korn oder Obstbrand (40%ig)
2 Handvoll Wildkräuter nach Saison (z. B. Gundermann, Brennnessel, Rotkleeblüten, Schafgarbenblüten, Giersch, Labkraut, Taubnesselblüten usw.)
80–100 g weißer Kandiszucker

Kräuter und Kandiszucker in ein großes Glas geben und mit Korn bzw. Obstbrand vollständig übergießen. Verschließen und bei Raumtemperatur 6–8 Wochen reifen lassen. Ab und zu schütteln. Nach der Reifezeit in Flaschen abfüllen.

▸ **REZEPTTIPP**

Nach derselben Rezeptur können auch andere Kräuter (Garten- oder Wildkräuter) entweder nach Art sortiert oder bunt gemischt zu einem Kräuteransatz verarbeitet werden.

© Archiv Stocker Verlag

© Archiv Stocker Verlag

THYMIANLIKÖR

50 g frischer Thymian
0,7 l Obstbrand oder Korn
200 ml Wasser
200 g Kandiszucker

Den Thymian mit dem Obstbrand übergießen und 14 Tage ziehen lassen. Wasser und Zucker aufkochen und etwas reduzieren lassen. Abgekühlt über den Kräuterauszug gießen, abfiltern und in Flaschen füllen. Dunkel und kühl lagern und für die Aromaentwicklung noch einige Wochen rasten lassen.

© Archiv Stocker Verlag

▸ **REZEPTTIPP**

Wirkt beruhigend auf Nerven und Schleimhäute. Nach diesem Rezept kann auch der Spitzwegerichlikör zubereitet werden, der lösend und entzündungshemmend wirkt.

MELISSENGEIST

1 große Handvoll Melissenblätter
5 Nelken
1 kleine Zimtstange
1 Prise geriebene Muskatnuss
0,7 l Obstbrand

Alle Zutaten in eine Flasche geben und 2–3 Wochen an einen warmen Ort stellen, anschließend abseihen. Den Rückstand mit ca. 250 ml destilliertem Wasser einige Stunden auslaugen, abseihen und zum abgeseihten Ansatz dazugeben. Wieder in Flaschen füllen, 14 Tage hell stellen und anschließend kühl und dunkel lagern.

▸ REZEPTTIPP

Wirkt beruhigend und gegen Übelkeit. Nur löffelweise genießen.

SCHLÜSSELBLUMENLIKÖR

1 unbehandelte Orange
1 Vanilleschote
2 Handvoll abgezupfte Schlüsselblumenblüten
0,7 l Korn (40 %ig)
100–150 g Honig oder Kandiszucker

Orange in Spalten schneiden. Vanilleschote aufschneiden. Mit den übrigen Zutaten in ein großes Glas geben und mit Korn übergießen. Ca. 6 Wochen an einem warmen Ort (Zimmertemperatur) reifen lassen. Dazwischen immer wieder gut durchschütteln. Nach der Reifezeit durch einen Kaffeefilter oder ein Baumwolltuch filtern und in Flaschen füllen.

© Mona Lorenz

▸ REZEPTTIPPS

- **Blüten und Vanilleschote können zur Deko und Geschmacksintensivierung im Likör bleiben. Der Ansatz kann zusätzlich auch mit 5–10 Blättchen Zitronenmelisse ergänzt werden.**
- **Dieser Likör eignet sich wunderbar zum Marinieren von frischen Früchten.**
- **„Schlüsselblumenlikörfans“ schwören auch auf ein Stamperl bei Erkältungen.**
- **Rotkleelikör, Fichten- und Tannennadellikör (nur junge ,zarte, hellgrüne Triebe verwenden) werden wie das Schlüsselblumen-Rezept zubereitet und haben einen sehr speziellen Geschmack.**
- **Auch der feine Rosenlikör kann nach dieser Rezeptur hergestellt werden. Sehr wichtig für die Farbgebung sind wirklich dunkelrote, stark duftende Rosenblütenblätter. Die weißen Teile der Blütenblätter (Blattansätze) unbedingt entfernen. Nach genügender Reifezeit erwartet Sie ein himmlischer Genuss.**

HOLUNDERBLÜTENLIKÖR

250 ml Wasser
300–400 g Zucker oder weißer Kandiszucker
2–3 Handvoll frische Holunderblüten
Saft von 2 Bio-Zitronen
1 in Scheiben geschnittene Bio-Zitrone
1 in Scheiben geschnittene Bio-Orange
1 l Korn

Wasser und Zucker aufkochen, damit sich der Zucker löst, und abkühlen lassen. Die Holunderblüten mit den Zitronen- und Orangenscheiben in ein weithalsiges Gefäß einschichten. Die Zuckerlösung, den Zitronensaft und den Korn darübergießen.

Das Gefäß verschließen und 4–6 Wochen an einem warmen Ort stehen lassen. Vor dem Abfiltern kosten, ob es zu einer feinen Aromaentwicklung gekommen ist. Sonst noch etwas ruhen lassen. Anschließend abfiltern, in schöne Flaschen abfüllen und verschließen.

▸ REZEPTTIPP

Gut zum Verfeinern von Sekt und zum Parfümieren von Cremen, Eis und Obstsalaten.

ALTERNATIVE LAGER-MÖGLICHKEITEN VON FRISCHGEMÜSE

Die Lagerung von frischem Gemüse im Keller, in Mieten, Gräben und Gruben im Freien war in früheren Zeiten eine gängige Methode für die Bevorratung. Der so angelegte Vorrat musste bis zum Frühjahr reichen. Diese Methode ist neben der Herstellung von Trockenprodukten die älteste Art der Vorratshaltung. Durch die Entwicklung der Gefrierkonservierung und das reichhaltige Gemüseangebot während des ganzen Jahres hat das Einwintern von Frischvorräten seine große Bedeutung verloren. Für größere Erntemengen von Wurzel-, Kohl-, Zwiebel- und Lauchgemüse ist die Frischeinlagerung im Freien und im Keller jedoch noch immer interessant. Der Trend, wieder mehr Gemüse im eigenen Garten anzubauen, bedeutet zwangsläufig für jeden Gartenfreund, sich Kenntnisse und Erfahrungen über die Lagerung von Frischvorräten anzueignen.

HINWEIS! Lagern statt konservieren

Wenn nicht die gesamte Gemüseernte eingekocht, eingelegt oder auf andere Weise haltbar gemacht werden soll, gibt es einige Methoden, wie man frisches, lagerfähiges Gemüse aufbewahren kann, damit es sich möglichst lange hält.

EMPFEHLUNGEN FÜR DIE PRAXIS

- Voraussetzungen für das Einlagern von Frischgemüse sind die richtige Wahl der geeigneten Gemüsearten, Einhaltung günstiger Anbautermine, fachgerechte Pflegemaßnahmen, eine gute Reife und schonende Behandlung des Erntegutes.
- Wichtig sind auch das fachgerechte Sortieren des Lagergutes, die einwandfreie Beschaffenheit des Lagerraumes, günstige Lagerbedingungen sowie die laufende Kontrolle des Vorrates.
- Die Haltbarkeit von gelagertem Frischgemüse ist umso größer, je besser es am Beet ausreifen konnte. D. h., bei Zwiebeln muss das Laub natürlich abgestorben sein. Lagerfähiges Wurzelgemüse, vor allem Karotten oder Fenchel, zeigt seine Reife durch Verfärben des Laubes an. Kraut und Kohlrabi fühlen sich prall und fest an. Winterkartoffeln müssen ebenfalls gut ausgereift und schalenfest sein.

- Gemüse und Kartoffeln sollten schon einige Tage vor dem Frischeinlagern bei trockenem Wetter geerntet werden, damit sie vorher abschwitzen und gut abtrocknen. Bei Regen muss das Erntegut im Freien während dieser Zeit mit Folie abgedeckt werden.
- Nur absolut gesundes, unbeschädigtes Gemüse darf verwendet werden. Beispielsweise kann Gemüse mit Fraßschäden oder mechanischen Beschädigungen bei der Ernte die Ursache für den Verderb durch Pilze und Bakterien sein.
- Die Sortierung nach Sorten ist bei manchen Gemüsen, besonders bei Kartoffeln, für die weitere Haltbarkeit mitentscheidend.
- Das Gemüse muss vor der Einlagerung sorgfältig geputzt werden.
- Zur Vorbereitung für die Lagerung wird die Erde vom Gemüse trocken entfernt. Sie darf nicht abgewaschen werden. Das weitere Putzen wird folgendermaßen vorgenommen:

Wurzelgemüse

- Bei Karotten, Gelben Rüben, Rettich und Pastinaken das Laub abdrehen oder kurz über der Wurzel abschneiden.
- Bei Sellerie- und Petersilienwurzeln das Laub vollständig entfernen oder zwei bis drei Herzblätter stehenlassen, wenn man während des Winters im Sandeinschlag Grün zum Würzen gewinnen möchte. Selleriewurzeln einkürzen (feine Wurzelfäden entfernen).
- Bei Roten Rüben, Schwarzwurzeln und Kren das Laub daumenbreit über der Wurzel abschneiden.

Kohlgemüse

- Bei Weiß-, Blaukraut und Kohl nur die äußeren schlechten Blätter entfernen. Für die Lagerung auf Mieten und auf Horden den Wurzelstrunk auf 5 cm zurückschneiden.
- Bei Winterkohlrabi das Laub und den Wurzelstrunk vollständig abschneiden.
- Bei Chinakohl die äußeren schlechten Blätter entfernen. Den Wurzelballen für den Einschlag in Erde oder Sand erhalten.

Weitere Gemüsearten

- Bei Zuckerhut, Endivie evtl. verunreinigte Außenblätter entfernen. Bei Stangensellerie und Knollenfenchel die grünen Blätter entfernen (bei Knollenfenchel einige Herzblätter stehenlassen), den Wurzelballen für den Einschlag in Erde oder Sand erhalten.
- Bei Lauch die Blätter und Wurzeln etwas einkürzen.

LAGERN IN KELLERN UND VORRATSRÄUMEN

Die Einlagerung von frischem Gemüse und Kartoffeln in geeigneten Kellern oder anderen Vorratsräumen ist am bequemsten, da man dort das Lagergut schnell und vom Frost unabhängig jederzeit für den Verbrauch entnehmen kann. Die beste Lagertemperatur liegt zwischen 4 und 5 °C. Über Mittag sollte öfters gelüftet werden. Sind der Keller oder der Vorratsraum zu feucht, dann besteht die Gefahr, dass das Gemüse zu faulen beginnt. Als Abhilfe kann man ungelöschten Kalk in Kübeln aufstellen, da dieser die Feuchtigkeit bindet. Ist der Raum zu trocken, hilft man sich mit Kübeln voll Wasser, die man aufstellt, oder man befeuchtet den Sandeinschlag durch feines Besprengen.

Möglichkeiten der Lagerung

Einlagern in Sand

Hauptsächlich überwintert man Kren, Rettich, Sellerie, Petersilie, Karotten, Rote Rüben und evtl. Schwarzwurzeln im Sand. Er muss beim Einschlagen nur leicht feucht bzw. fast trocken sein. Bei jeder Überwinterung wird frischer Sand genommen, der vorjährige wird entfernt, sobald die Gemüsevorräte verbraucht sind. Man nimmt eine Schicht Sand, eine Schicht Gemüse und wieder eine Schicht Sand und fährt so fort.

Dabei ist wichtig, dass das Gemüse schön angeordnet ist und so viel Sand dazwischen kommt, dass es sich gegenseitig nicht berührt. Man wählt für die Lagerung die Form der Pyramide und geht dabei einen Meter in die Höhe. Dadurch benötigt man weniger Bodenfläche. Auch eine Kiste oder ein Kübel mit Sand erfüllen bei kleinen Mengen ihren Zweck. Zuletzt wird mit Sand abgedeckt. Bei Petersilienwurzeln und Sellerieknollen lässt man die Herzblätter herausschauen; sie faulen dann nicht so leicht und geben nebenbei Suppengrün.

Einpflanzen in Erd-Sand-Mischung

Diese Methode ist besonders geeignet für Salat, Karfiol, Lauch und Chinakohl. Zum Einpflanzen wird gesunde Gartenerde mit etwas Sand vermischt und auf den Kellerboden aufgeschüttet. Kohlrabi setzt man mit dem Wurzelballen ein oder setzt ihn nur mit den Strünken locker auf.

Einlagern in Foliensäcken

Eine einfache Methode ist auch das Einlagern in lebensmittelechten Foliensäcken. Es darf nur lagerfähiges und unbeschädigtes Wurzelgemüse auf diese Art bevorratet werden. Die Einlagerung erfolgt frühestens zwei Tage nach der Ernte, und zwar nach Gemüsearten getrennt. Die Säcke werden erst geschlossen, wenn sich die Temperatur des Gemüses der Lagertemperatur angeglichen hat. Wird dies nicht eingehalten, bildet sich im Sack Kondenswasser und das Gemüse fängt leicht zu faulen an. Die günstigste Lagertemperatur beträgt 8–12 °C. Bei höheren Temperaturen müssen die Foliensäcke perforiert (eingestochen) werden. Nach 10–14 Tagen Lagerzeit die Foliensäcke mit einer dicken Nadel mehrmals einstechen. Die Säcke laufend kontrollieren und nur bei Bedarf öffnen.

Einlagern von Kraut

Gutes Lagerkraut darf einmal etwas Frost abbekommen. Weiß-, Blaukraut und Kohl nach der Ernte für kurze Zeit im Freien oder unter Dach lagern. Die beschädigten Außenblätter entfernen und das Kraut mit dem eingekürzten Strunkansatz nach unten auf Gemüsestellagen (Krautbühne) lagern. Beim Aufschichten von Kraut muss ein ungehindertes Durchstreichen der Luft gewährleistet sein. Bei Platzmangel besteht die Möglichkeit, das Kraut aufzuhängen. Durch den Strunkansatz wird ein Haken gezogen und das Kraut anschließend auf befestigten Stangen oder Latten an der Kellerdecke aufgehängt.

Lagerungsmöglichkeiten für Kraut.

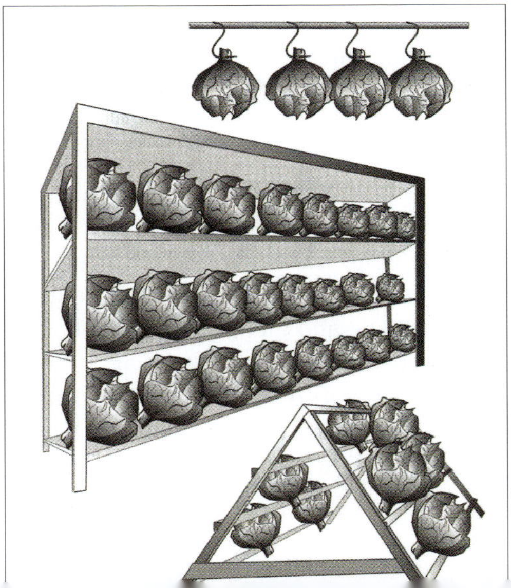

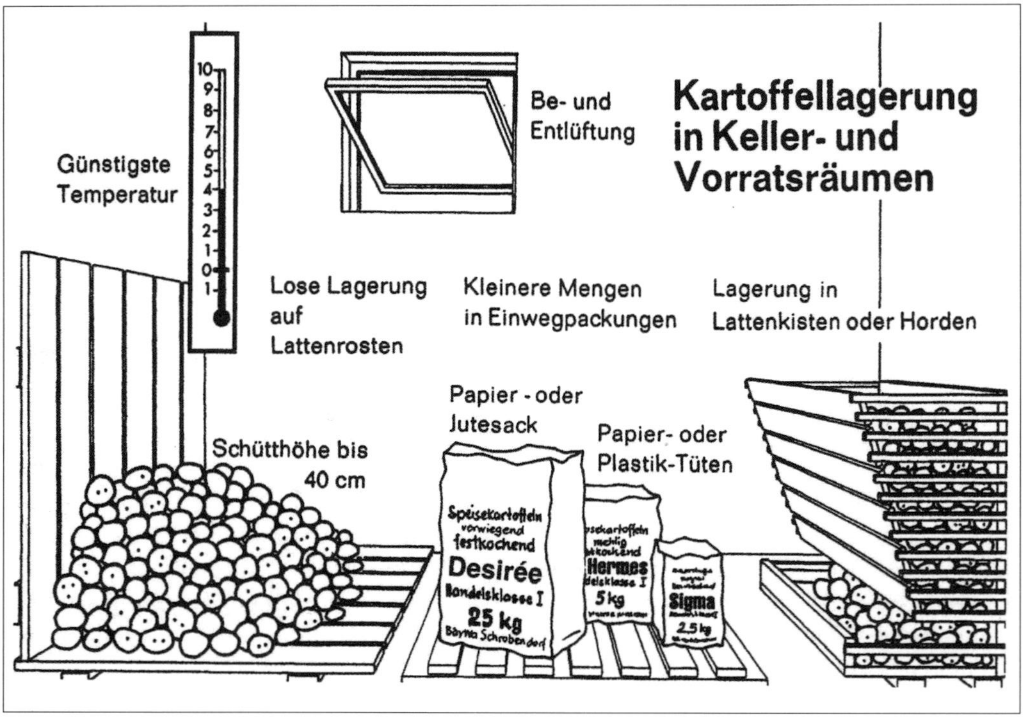

Kartoffeln richtig lagern Grafik © Archiv Stocker Verlag

Einlagern von Kartoffeln

Der Lagerraum für Kartoffeln muss trocken, kühl und frostfrei sein. Um ein rasches Auskeimen und Grünwerden der Kartoffeln zu verhindern, muss er verdunkelt werden können. Die grünen Stellen der Kartoffel enthalten Solanin, einen für Nachtschattengewächse typischen Giftstoff. Es wird durch Kochen nicht zerstört und löst in höheren Konzentrationen Übelkeit, Krämpfe und Durchfall aus. Stark ausgekeimte und grüne Kartoffeln dürfen nicht mehr verwendet werden. Die Kartoffeln unbedingt nach Sorten und Kocheignung (festkochende, vorwiegend festkochende und mehlig kochende Kartoffeln) sortieren. Die günstigste Lagertemperatur liegt bei 4–6 °C. Ist es kälter, frieren die Kartoffeln und schmecken süßlich, weil die Stärke verzuckert. Kartoffeln nur bis zu 40 cm Höhe aufschütten. Sie müssen ausreichend belüftet werden, deshalb dürfen die Lattenroste nicht auf dem Boden anstehen. Die Kartoffeln sollten am besten von oben entnommen werden, denn jede Bewegung fördert das Auskeimen. Schwach keimende Kartoffeln nur für den Tagesbedarf entkeimen.

Einlagern von Zwiebelgewächsen

Zwiebeln, Schalotten und Knoblauch an einem trockenen, frostsicheren Ort aufbewahren und zum Trocknen auf einem befestigten Boden oder auf dem Dachboden auslegen. Wenn die Zwiebelblätter getrocknet sind, bindet man Zöpfe, die man aufhängt. Man kann sie auch lose in offenen Kartons oder trockenen Kisten in ein bis zwei Lagen aufbewahren.

LAGERN IM FREIEN

Vorteile vom Lagern im Freien

- Keine bzw. geringe Lagerkosten, da nur Abdeckmaterial notwendig ist.
- Bei sachgerechter Lagerung bleibt das Gemüse besonders frisch und saftig.

Nachteile vom Lagern im Freien

- Die Regulierung von Temperatur und Luftfeuchtigkeit ist bei einer Lagerung im Freien nur begrenzt möglich.
- Die Entnahme von Vorräten ist bei Frost nicht möglich.
- Die Kontrolle des Lagergutes ist kaum möglich.
- Gefahr von Mäusebefall.

Möglichkeiten der Lagerung

Lagern im Mistbeet

Ein Mistbeet kann gut zum Einwintern verwendet werden. Die Erde und die Mistpackung herausnehmen und frische, mit etwas Sand vermischte Gartenerde hineingeben. Salat, Kohlrabi, Karfiol, Chinakohl, Endivie, Zuckerhut und auch Blaukraut können nun eingesetzt werden. Zuletzt gut zudecken (mit Fenstern, Matten, Holzläden und evtl. auch mit Stroh). Man muss immer wieder kontrollieren, lüften und, wenn notwendig, bei warmem Wetter durchputzen. Ist es sehr kalt, rund um das Mistbeet herum Mist, Stroh oder Laub anhäufen und das Mistbeet noch besser abdecken.

Lagern im Erdeinschlag

Ist kein Mistbeet vorhanden, so können einige geeignete Gemüsearten (wie Wurzel-, Kohlgemüse und Lauch) in ein Gartenbeet gesetzt werden.

Das Gemüsebeet wird mit einem Bretterkasten umgeben, außenherum kommt Erde, und wenn es kälter wird, Laub, Stroh oder Mist. Oben wird mit Brettern, Stroh und bei Bedarf mit noch weiteren Abdeckmaterialien abgedeckt. Über Mittag, wenn keine Frostgefahr besteht, wird gelüftet.

Lagern in Erdmieten

Die Erdmiete muss richtig angelegt werden. An einem geschützten Ort, der frei von Grundwasser ist, in der Nähe des Hauses, legt man die Miete an der Erdoberfläche, durchschnittlich 1,50 m breit, an. Ihre Länge richtet sich nach der Gemüsemenge. Der

Beispiel eines Erdeinschlages

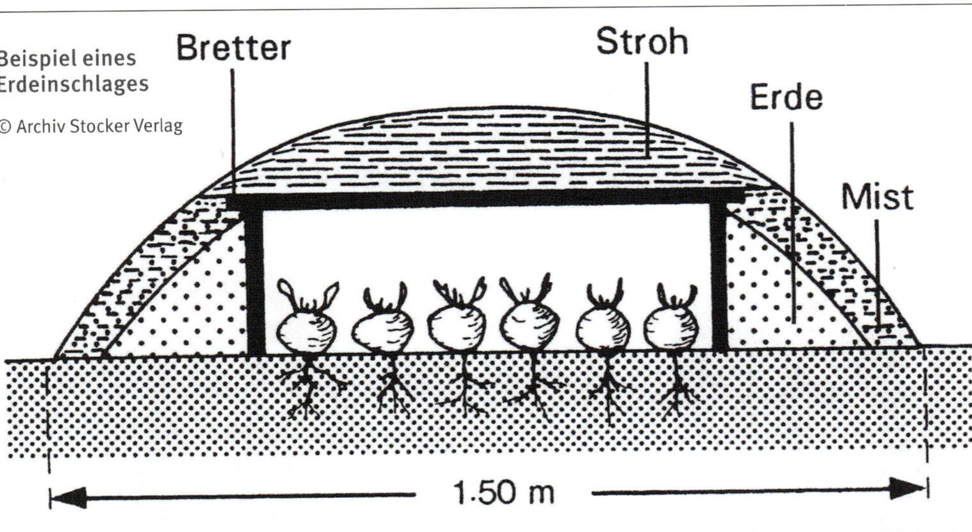

Boden kann mit Reisig oder feinmaschigem Drahtgeflecht ausgelegt werden (Schutz vor Mäusen). Ein aus Brettern hergestellter dreieckiger Lüftungskanal wird in der Mitte der Miete der Länge nach aufgestellt und das Gemüse (Wurzel- und Kohlgemüse, Kartoffeln) 1 m hoch darüber dachartig aufgeschichtet. Zuletzt mit Stroh und Reisig abdecken und mit Erde abschließen. Bei Wurzelgemüsearten, die dichter lagern, kann man über dem Mietenfirst ein Lüftungsdreieck einlegen. Die Miete wird bei zunehmender Kälte mit noch mehr Stroh und Erde abgedeckt. Eine zu hohe Temperatur im Herbst in den Mieten verkürzt die Haltbarkeit des eingelagerten Gemüses.

Rund um die Miete ist ein Abflussgraben wichtig, der das Regenwasser ableitet. Mieten können nur bei frostfreiem Wetter mittags geöffnet werden.

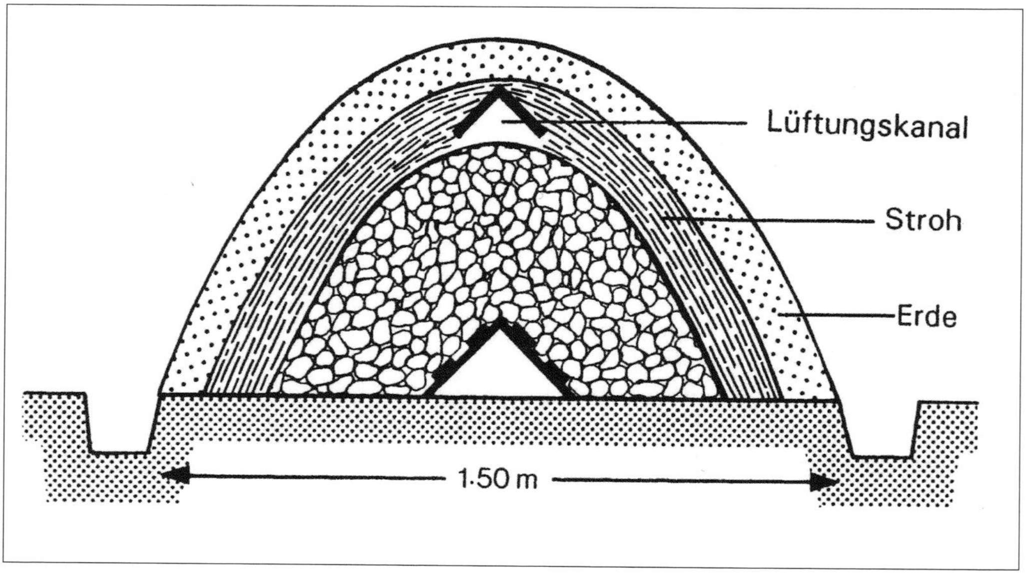

Querschnitt durch eine Erdmiete © Archiv Stocker Verlag

TIPPS FÜR VERPACKUNG UND DEKORATION

Die in Ihrer Küche entstandenen Köstlichkeiten sollten durch ein dekoratives „Outfit“ ihren letzten Schliff bekommen. Direktvermarkter wissen, wie wichtig die Präsentation und das äußere Erscheinungsbild des Produktes für die Kaufentscheidung sind. All jene, die gerne Selbstgemachtes verschenken, können durch liebevolle Aufmachung ihre Kreativität zum Ausdruck bringen. Die Dekoration muss mit dem Grundprodukt harmonieren. Das Eingemachte sollte dabei immer im Vordergrund stehen und darf nicht durch zu gut gemeinte Verzierung in den Hintergrund gedrängt werden. Naturmaterialien sind immer im Trend. Der besondere Reiz liegt in ihrer Vielfalt an Formen und Farben, die die „Sinnlichkeit“ des Produktes verstärken. Mit wenig Aufwand können Sie aus der Fülle der Natur schöpfen und dabei eigene Kreationen entwickeln.

Verpackungsmaterialien

- Originelle Flaschen, Gläser, Ton- und Steinguttöpfe in verschiedenen Formen, Farben und Größen. Sammeln Sie laufend schöne Gefäße für Ihre Spezialitäten.
- Stoff- und Stoffreste aus Baumwolle oder Leinen (bunt oder uni), Jutestoffe ...
- Papier in verschiedenen Strukturen und Stärken, z. B. Buntpapier, braunes Tonpapier, Kokosfaserpapier, Strukturpapier, handgeschöpftes Papier...
- Getrocknete Naturmaterialien: Orangen- und Zitronenscheiben, Kräuter und Blumen im Ganzen oder gepresst, Gemüse (Pfefferoni, Pilze, Schalen von Fruchtgemüse), Gewürze (Zimtstangen, Gewürznelken, Muskatnüsse und -blüten, Ingwerwurzeln, Sternanis), getrocknete Blätter (z. B. Maisblätter), kleine Äste usw.
- Dekobänder: Bast (natur oder farbig), Fäden, Schnüre, Kordeln, Bänder aus Jute, Rips oder Seide, Borten (uni oder bedruckt), Golddrähte usw.
- Sonstiges: Wachsplatten und -siegel, Holzplättchen und -kugeln, Korken, Stoffdruckfarben und -motive, Etiketten usw.

HINWEIS! Informationen für Direktvermarkter

Wer sich intensiver mit dem Thema Direktvermarktung beschäftigen möchte, sollte sich unbedingt mit dem zuständigen Referat der Landwirtschaftskammer in Verbindung setzen.

BEWÄHRTE HAUSMITTEL AUS GEMÜSE UND KRÄUTERN

Winterzeit bedeutet sehr oft Grippe, Schnupfen, Husten und Heiserkeit. Es ist keine Frage: Wer sich nicht wohlfühlt und deutliche Krankheitssymptome zeigt, sollte auf jeden Fall den Arzt rufen oder aufsuchen. Es gibt aber auch viele Hausrezepte mit Gemüse und Kräutern, die heutzutage wiederentdeckt werden.

Schon unsere Großmütter nutzten die Schätze aus dem Garten für allerlei Wehwehchen. Nach dem Motto: Der Garten als Natur-Apotheke. © Karin Sidak

Zwiebelschmiere

Eine klein geschnittene Zwiebel in Schmalz (Schweinefett) kurz anrösten, bis sie glasig ist. Etwas abkühlen lassen, auf ein sauberes Leinentuch streichen und handwarm auf Brust, Rücken bzw. Nieren auflegen.

Wird bei Bronchitis, Nieren- und Blasenentzündung angewandt.

Erdäpfelwickel

Frisch gedämpfte Erdäpfel zerdrücken, in ein sauberes Leinentuch einschlagen und bei angenehmer Temperatur auf die betroffene Stelle auflegen.

Wird bei Hals- und Rückenschmerzen angewandt.

Schwarzer Rettichsaft

Schwarzen Rettich waschen und am Laubansatz einen kleinen Deckel abschneiden. Vorsichtig aushöhlen, halb mit Kandiszucker oder Honig füllen und auf einem Teller an einem warmen Ort (Herdnähe) über Nacht stehen lassen. Die entstandene Flüssigkeit tagsüber löffelweise zu sich nehmen.

Wird bei Husten und Bronchitis angewandt.

Honigkren

Frisch geriebener Kren und echter Bienenhonig werden zu gleichen Teilen gemischt. Alle 2–3 Stunden 1 TL davon einnehmen.

Wird bei Husten (Reizhusten) und Erkältung angewandt.

Krenkette

Frische Krenwurzel in Scheiben schneiden und wie eine Kette auf einen Faden auffädeln. Die Krenkette einige Stunden um den Hals hängen.

Wird bei Fieber angewandt.

Zwiebelsirup

Zwiebel vierteln und mit etwas Kandiszucker auf kleiner Flamme garen. Vom Saft nimmt man alle zwei Stunden 1 EL.

Wird bei Husten und Erkältung angewandt.

Holunder-Lindenblüten-Tee

2 TL zerkleinerte getrocknete Hagebutten mit einem halben Liter Wasser zum Kochen bringen und zwei Minuten köcheln lassen. Den Topf vom Herd nehmen und je 2 gehäufte TL Holunder- und Lindenblüten einrühren. Zehn Minuten ziehen lassen, abseihen und mehrmals täglich eine Tasse trinken.

Wird bei Grippe angewandt.

Thymian-Kamillen-Bad

Je eine große Handvoll getrocknete Kamillenblüten und Thymian in zwei Litern Wasser aufkochen. 15 Minuten ziehen lassen, abseihen und den Sud in das Badewasser geben. Darin 15–20 Minuten bei 35–37 °C baden.

Wird vorbeugend bei beginnender Erkältung angewandt.

WÖRTER- UND MASSEINHEITEN-VERZEICHNIS

Melanzani, Eierfrucht: Aubergine
Blaukraut: Rotkraut, Rotkohl
Bohnenkraut: Pfefferkraut, Beizkraut
Borretsch: Gurkenkraut
Dirndl: Kornelkirsche
Eierschwammerl: Pfifferling
Fisole: Grüne Bohne
Goldmelisse: Indianernessel, Monarde
Halmrübe: Steckrübe, Weiße Rübe
Heidelbeere: Schwarzbeere, Blaubeere
Holler: Holunder
Karfiol: Blumenkohl
Karotte: Möhre
Kohlsprosse: Rosenkohl
Kren: Meerrettich
Kübel: Eimer
Lauch: Porree
Liebstöckel: Maggikraut, Luststock
Neugewürz: Piment
Schwammerl: Pilz
Granten: Preiselbeeren
Ribisel: Johannisbeere
Rote Rübe: Rote Bete, Rande
Staudensellerie: Stangensellerie
Sud: Aufgussflüssigkeit
Paradeiser: Tomate
Vogelbeere: Eberesche
Weißkraut: Weißkohl
Zesten: dünne Schalenstreifen von Zitrusfrüchten

MASSEINHEITEN

EL: Esslöffel
TL: Teelöffel
Stamperl: kleines Schnapsglas mit 20 ml bzw. 2 cl
100 g: 10 Dekagramm
100 ml: 1/10 Liter
1.000 g: 1 Kilogramm
1.000 ml: 1 Liter
125 g: 1/8 Kilogramm
125 ml: 1/8 Liter
250 g: 1/4 Kilogramm
250 ml: 1/4 Liter
500 g: 1/2 Kilogramm
500 ml: 1/2 Liter
750 g: 3/4 Kilogramm
750 ml: 3/4 Liter

Aus unserem Programm

ISBN 978-3-7020-1807-8

ISBN 978-3-7020-1259-5

ISBN 978-3-7020-1609-8

ISBN 978-3-7020-1650-0

Leopold Stocker Verlag
Graz – Stuttgart
www.stocker-verlag.com